»... erkämpft das Menschenrecht«
Wie christlich sind die Menschenrechte?

Gerhard Struntz

Heft 22 der Schriftenreihe:
ZUR SACHE – Kirchliche Aspekte heute
Herausgegeben von Günther Gaßmann
Johannes Hanselmann, Siegfried von Kortzfleisch,
Lutz Mohaupt, Hugo Schnell, Hans-Otto Wölber,
Jürgen Jeziorowski (geschäftsführender Herausgeber)

"...erkämpft das Menschenrecht"

Wie christlich sind die Menschenrechte?

Herausgegeben von Eckehart Lorenz
im Auftrag der Studienkommission des
Lutherischen Weltbundes in Genf

LVH

1981

LUTHERISCHES VERLAGSHAUS
HAMBURG

German version of »How Christian are the Human Rights?« ed. by
Lutheran World Foederation, Genf, Switzerland

Umschlaggestaltung: Werner Friedrichs, Hamburg
Gesamtherstellung: Hanseatische Druckanstalt, Hamburg
ISBN: 3 7859 0477 0
Best.-Nr. 33422-4

Inhalt

Einleitung

Wie christlich sind die Menschenrechte? – Diese Frage wird immer wieder aufgeworfen, seitdem sich die Kirchen zunehmend für den Schutz der Menschenrechte einsetzen. Besitzen Christen und Kirchen überhaupt ein besonderes Mandat für dieses Engagement? Leitet das Evangelium sie zu einem besonderen Verständnis der Menschenrechte und zu einem spezifischen Umgang mit ihnen an?

Diese Fragen waren neben anderen Gegenstand einer kleinen interkonfessionellen Arbeitstagung über die theologischen Grundlagen der Menschenrechte, die vom 30. April bis zum 3. Mai 1980 im Begegnungszentrum Le Cénacle/Genf stattfand. Hochschullehrer aus den Fachbereichen Recht und Theologie versuchten, verschiedene Zugänge der reformierten, lutherischen und orthodoxen Theologie zu den Menschenrechten ins Gespräch miteinander zu bringen.

Die vorliegende Dokumentation stellt die Materialien und Ergebnisse dieser Arbeitstagung der Öffentlichkeit zur Verfügung.

Es mag dem Verständnis der Texte dienen, wenn einleitend zunächst der Konflikt umrissen wird, dem die Tagung ihre besondere Dynamik verdankte. Sodann soll in der gebotenen Kürze ein Rückblick auf die theologische Verständigung über die Menschenrechte im vergangenen Jahrzehnt den Hintergrund beleuchten, vor dem die interkonfessionelle Konsultation 1980 ihre Bedeutung gewinnt. Ein Hinweis auf das methodische Vorgehen wird es dem Leser schließlich ermöglichen, den Zusammenhang zwischen den einzelnen Textstücken klarer zu erkennen.

1. Zum inhaltlichen Profil der Konsultation

Die Beratungen erhielten ihre besondere Dynamik von einer grundsätzlichen Kontroverse über die Systematik der Menschenrechte.[1] Diese Kontroverse wurde nicht zu Ende geführt, wie die Konsultationsergebnisse unschwer erkennen lassen:

– Genügt es, das Verhältnis der sogenannten sozialen und individuellen Menschenrechte als »Komplementarität« darzustellen: »Geistige Freiheit nützt dem nichts, der verhungert. Umgekehrt ist verantwortliche Lebensgestaltung nicht möglich ohne hinreichende persönliche Freiheit...?« – Oder stellen »die sogenannten Freiheitsrechte in einem elementaren Sinn die Grundlage aller anderen Menschenrechte« dar? Letzteres würde bedeuten, daß die verschiedenen Kategorien der Menschenrechte in einer »unbedingten« Rangfolge zu sehen sind.[2]

Über diese beiden Sehweisen erzielte die Konsultation keine Einigkeit.

Einigen konnte man sich hingegen auf eine »gemeinsame Voraussetzung« für die unterschiedlichen theologischen Zugänge zu den Menschenrechten. Aber es wurde während der Beratungen auch deutlich, daß der besondere theologische Zugang des Einzelnen zu den Menschenrechten nicht ganz unabhängig ist von seinem Menschenrechtsbegriff und davon, wie er die verschiedenen Kategorien der Menschenrechte einander zuordnet. Für die Gleichrangigkeit der Kollektiv- mit den Individualrechten wurde in der Debatte die Ebenbildlichkeit bzw. Ähnlichkeit des Menschen mit dem dreieinigen Gott ins Feld geführt.

[1] Vgl. den Auszug aus dem Konferenzprotokoll, S. 111 ff.
[2] Vgl. S. 120ff.

Für die »unbedingte« Verordnung der Individual- und Freiheitsrechte wurde die zentrale Bedeutung der Rechtfertigung des Sünders allein aus Gnade als Begründung gesehen. Eine vollständige Übereinstimmung im Blick auf den theologischen Zugang zu den Menschenrechten scheint kaum möglich, solange kein gemeinsamer Begriff von den Menschenrechten gefunden ist.

So gelangten auf dieser Arbeitstagung Kontroversen zum Austrag, die sich bereits in den harmonisierenden und dennoch spannungsvollen Formulierungen älterer Dokumente über Theologie und Menschenrechte andeuten. Auf besonders anschauliche Weise hat sich hiermit Dozent Günter Krusche (DDR) in einer Gastvorlesung zu Aarhus (Dänemark) 1978 auseinandergesetzt. Zur Orientierung des Lesers wird ihr Text im Anhang dieser Dokumentation veröffentlicht.

Der Stellenwert der vorliegenden Dokumentation wird erhellt durch einen Rückblick auf das vergangene Jahrzehnt. Dieses ist gekennzeichnet von einem verstärkten Bemühen der Kirchen um den Schutz und um ein tieferes Verständnis der Menschenrechte auf der Grundlage ihrer eigenen theologischen Tradition.

2. Zur ökonomischen Bedeutung der Konsultation

Die Generalversamlung des Reformierten Weltbundes (RWB) regte 1970 bei ihrer Zusammenkunft in Nairobi eine Studie über die theologische Basis der Menschenrechte an. Ähnliches forderte die fünfte Vollversammlung des Lutherischen Weltbundes (LWB) im gleichen Jahr in Evian. Kirchliche Gruppen wie auch einzelne Theologen in beiden Konfessionsfamilien konzentrierten sich in den folgenden Jahren auf dieses Thema. Die Ergebnisse fanden ihren Niederschlag in zahlreichen Aufsätzen und Monographien.

1976 hielten LWB und RWB jeweils eine größere Konsultation ab über die theologischen Grundlagen der Menschenrechte und über den Auftrag der Kirchen, zu ihrem Schutz beizutragen. Es überrascht nicht, daß die Ergebnisse der beiden Konsultationen nicht völlig übereinstimmen, hatte man sich doch zunächst vor allem auf dem Hintergrund der eigenen theologischen Tradition um ein Verständnis der Menschenrechte bemüht. Die Reformierten begründen die »fundamentalen Menschenrechte aus dem Recht Gottes auf den Menschen.«[3] Die Lutheraner wollen dagegen stärker den juristisch-weltlichen Charakter der Menschenrechte wahren. Für den theologisch verantwortlichen Umgang mit der säkularen Ordnung bietet ihnen ihre Tradition mit der Lehre von den Zwei Reichen eine besondere Orientierung.[4]

Aber auch unter den Lutheranern selbst herrschte noch keine völlige Übereinstimmung. Stellungnahmen aus den Mitgliedskirchen des LWB zu den Ergebnissen seiner Konferenz zeigen, daß vor allem zwei Aspekte der Menschenrechtsproblematik umstritten sind: ihre Zuordnung zum Evangelium und – ähnlich wie auf der hier dokumentierten Tagung – die innere Systematik des Menschenrechtsbegriffs.

Der Arbeitsschwerpunkt der Kommission der Kirchen für Internationale Angelegenheiten (KKIA) beim Weltrat der Kirchen (ÖRK) lag bei der sozialwissenschaftlichen Analyse der Ursachen von Menschenrechtsverletzungen sowie auf der Klärung praktischer Möglichkeiten der Kirchen, zum Schutz der Menschenrechte beizutragen. Es verdient bemerkt zu werden, daß in der römisch-

[3] Reformierter Weltbund, Theologische Basis der Menschenrechte, Genf 1976, S. 1.
[4] Lutherischer Weltbund, Theologische Perspektiven der Menschenrechte, Genf 1977, S. 11 und 13.

katholischen Kirche nicht nur eine naturrechtliche, sondern auch eine theologische Würdigung der Menschenrechte unternommen wurde.[5]

Über dem neuerdings breiten kirchlichen Interesse an Menschenrechtsfragen sollte nicht vergessen werden, daß die Kirchen in früheren Zeiten den Menschenrechten teilweise skeptisch, teilweise mit offener Ablehnung gegenüberstanden. Wenn die Theologie besondere Argumente für die Förderung der Menschenrechte entwickelt, dann sollte sie schon aus Gründen der eigenen Identität eine kritische Aufarbeitung jener Vorbehalte leisten, welche die einzelnen Konfessionen in der Vergangenheit gegenüber den Menschenrechten geltend gemacht haben.[6]

Das Bemühen um einen konfessionsspezifischen theologischen Zugang zu den Menschenrechten besitzt eine besondere Berechtigung: Das theologische Element in der Urteilsbildung und Entscheidungsfindung kirchenleitender Organe folgt – in der Regel – den Denkformen jeweils konfessionell geprägter Dogmatik. Je präziser die Menschenrechte von der theologischen Tradition einer bestimmten Kirche her verstanden werden, desto kommunikabler werden menschenrechtsrelevante Entscheidungen innerhalb dieser Kirche, desto größer auch die Legitimations- und Motivationswirkung der theologischen Begründung.

Diese Tatsachen bedeuten jedoch keineswegs Argumente dafür, die theologische Begründung der Menschenrechte sowie des kirchlichen Einsatzes für ihren Schutz aus dem interkonfessionellen und dem ökomenischen Gespräch herauszuhalten. Im Gegenteil – sozialethische

[5] Vgl. etwa Päpstliche Kommission Justitia et Pax (Hrsg.), Die Kirche und die Menschenrechte, Kaiser/Grünewald, München 1976, S. 22ff.
[6] Vgl. hierzu die entsprechende Empfehlung der Konsultation, S. 126.

Grundüberzeugungen erweisen gerade in der ökonomischen Arbeit ihre einigende oder, je nach Umständen, trennende Kraft, in manchem vergleichbar der Wirkung von Glaubensbekenntnissen in vergangenen Jahrhunderten. Schon deshalb muß das Verständnis der Menschenrechte in die Einigungsbemühungen einbezogen werden.[7]

Ein weiterer Grund, die Menschenrechte zum Gegenstand interkonfessioneller Gespräche zu machen, ergibt sich aus ihrem engen Bezug zu Kerninhalten des christlichen Glaubens: zur Ordnung, die der Schöpfer seiner Schöpfung gegeben hat, zur ursprünglichen Gottesebenbildlichkeit des Menschen, zum Bund Gottes mit dem Menschen, der durch die Rechtfertigung eine neue Qualität erhält, und zur Verheißung des Reiches Gottes, in dem die Beziehungen der Menschen zueinander in neuer Weise geordnet sein werden. Von daher gesehen erhalten die Menschenrechte für den Christen ihre verbindliche Gültigkeit. Natürliche Rechte sind sie – zumindest im empirischen Sinne, wie ihre vielfältigen Verletzungen zeigen – keineswegs!

In den Jahren 1977/78 lagen zahlreiche theologische Arbeiten zu den Menschenrechten vor, aber fast ausschließlich auf konfessioneller Grundlage. Darüber hinaus zeichnete sich bereits ein Gespräch zwischen Christen und anderen Religionen und Weltanschauungen über dieses Thema ab.[8]

Ein interkonfessionelles Gespräch über das unterschiedliche theologische Verständnis der Menschenrechte jedoch stand noch aus. Hier klaffte eine Lücke.

[7] Vgl. hierzu Günther Gaßmann, Harding Meyer, Gunars Ansons (Hrsg.), Neue transkonfessionelle Bewegungen, Frankfurt 1976, S. 10ff., bes. S. 21ff.

[8] Vgl. Alan D. Falconer (Hrsg.), Understanding Human Rights, Dublin 1980. Diese Dokumentation gibt eine internationale Konferenz wieder, die 1978 in Dublin gehalten wurde.

Angeregt durch einen Vorschlag aus dem RWB einigten sich 1978 sieben Konfessionen auf einen längerfristigen Austausch über die theologischen Grundlagen der Menschenrechte. Jedoch wurde zunehmend deutlich, daß die Durchführung dieses Projektes Jahre in Anspruch nehmen würde. Zum einen ist es vielschichtig angelegt, es sieht mehrere methodische Stadien vor. Zum anderen war die interne Diskussion über die Menschenrechte bei den einzelnen Konfessionen nicht gleichzeitig verlaufen.

So stieß ein weiterer Vorschlag des RWB im Jahre 1979 auf Sympathien, in einem Versuch und zunächst in bescheidenem Rahmen, ein interkonfessionelles Gespräch über die theologischen Grundlagen der Menschenrechte zu führen. Dieser Vorschlag führte 1980 zu der hier dokumentierten Arbeitstagung.

3. Zur Aufgabenstellung der Beratungen

Aufgabe dieser begrenzten Studie war es, unterschiedliche theologische Begründungen der Menschenrechte aufeinander zu beziehen, Gemeinsamkeiten darin zu entdecken, sowie Probleme und Aufgaben zu umreißen, die bei künftigen interkonfessionellen Gesprächen über die Menschenrechte besondere Beachtung finden sollten.

Eine Studiengruppe aus orthodoxen, römisch-katholischen, reformierten und lutherischen Theologen sollte die Studie durchführen. Jeder Teilnehmer sollte zunächst in einem schriftlichen Beitrag seine Anschauungen über die theologischen Grundlagen der Menschenrechte darlegen.

Als gemeinsamer Ausgangspunkt war das Referat des westdeutschen Theologieprofessors Jürgen Moltmann (reformiert) über »christlicher Glaube und Menschenrechte« vorgesehen, besonders jener Teil, der die verschiedenen theologischen Zugänge in den einzelnen Konfessionen beschreibt. Schriftliche Stellungnahmen wurden von dem Schweizer Juristen Professor Peter Saladin (reformiert) vorgelegt, von den lutherischen Theologieprofessoren Carl E. Braaten aus den Vereinigten Staaten und Trutz Rendtorff aus der Bundesrepublik Deutschland, sowie von dem orthodoxen Theologen Professor Constantin Voicu aus Rumänien. Der Herausgeber hatte keinen Einfluß auf die einzelnen Positionen. Diese Referate bilden die unmittelbare schriftliche Grundlage für die Beratungen der Studiengruppe, die in den »Ergebnissen der Konsultation« am Schluß dieses Bandes zusammengefaßt sind. Diese Ergebnisse spiegeln die wenigen Themen wieder, auf welche sich die Beratungen konzentrierten. Weitere Themen hätten sich aus der spannungsvollen Begegnung von teilweise so verschiedenen Beiträgen ergeben. Sie fielen der Zeitknappheit zum Opfer. Barrieren sprachlicher Art trugen ebenfalls dazu bei, daß die Besonderheiten eines Referates nicht in die Beratungen mit einbezogen wurden.

Mit der Veröffentlichung dieser Dokumentation möchten die Teilnehmer der Konferenz zugleich auf die offensichtlichen Grenzen einer relativ kleinen Studiengruppe hinweisen. Sie empfehlen daher, daß die weitere theologische Arbeit – im Rahmen einer repräsentativeren interkonfessionellen Gruppe – die Implikationen kontextuell unterschiedlicher Zugänge zur theologischen Begründung der Menschenrechte weiter untersucht.

Im Auftrag der Studienabteilung
des Lutherischen Weltbundes

Eckehart Lorenz

Jürgen Moltmann

Christlicher Glaube und Menschenrechte

I. Menschenrechte im Kontext ökumenischer Theologie

Bevor wir uns ausführlich mit der gestellten Frage beschäftigen: »Why should a Christian as such be concerned with human rights and social issues?«, wollen wir uns einen Überblick darüber verschaffen, seit wann, wie tief und auf welche Weise die verschiedenen christlichen Kirchen in der ökumenischen Bewegung mit der Erkenntnis und der Durchsetzung der Menschenrechte beschäftigt sind. Es wird sich dabei herausstellen, daß jene Frage für die meisten christlichen Kirchen, die in und mit der ökumenischen Bewegung arbeiten, und das ist die überwältigende Mehrheit aller christlichen Kirchen überhaupt, seit Jahrzehnten sowohl theologisch wie praktisch längst beantwortet ist.

Die ökumenische Bewegung entstand zeitlich fast parallel zur Entwicklung des Völkerbundes, der internationalen Friedensarbeit und der Vereinten Nationen. Es ist darum kein Wunder, daß schon an der Allgemeinen Erklärung der Menschenrechte von 1948 Vertreter des im gleichen Jahr gebildeten Ökumenischen Rates der Kirchen mitgearbeitet haben. Es ist hier vor allem die »Kommission der Kirchen für internationale Angelegenheiten« (CCIA) zu nennen. Die Mitarbeiter des Rates und der Kommission beteiligten sich auch an der Ausarbeitung, Modifizierung und Verteidigung der späteren menschenrechtlichen Entwürfe, vor allem der Menschenrechtspakte

(International Convenants) von 1966, die nach der langwierigen Ratifizierung durch die erforderliche Anzahl von 35 Staaten 1976 endlich in Kraft traten. Seitdem weisen alle Vollversammlungen des Ökumenischen Rates der Kirchen und die meisten Tagungen der konfessionellen Weltbünde Sektionen auf, die sich mit der Klärung und Durchsetzung der Menschenrechte befassen.

Die genannte Kommission CCIA veranstaltete 1974 in St. Pölten/Österreich eine Konsultation über »Menschenrechte und christliche Verantwortung«, an der Vertreter aus sozialistischen Staaten und der Völker der Dritten Welt teilnahmen. Diese Konsultation stellt den bisherigen Höhepunkt des ökumenischen Dialogs über Menschenrechte dar. Sie korrigierte überzeugend die einseitigen westlichen Vorstellungen, indem sie einen Katalog grundlegender Menschenrechte aufstellte, der mit dem »Recht auf Leben« beginnt. Die Basis für die gegenwärtigen Arbeiten des Ökumenischen Rates am Thema »Menschenrechte« ist die ausführliche Empfehlung der Sektion VI der V. Vollversammlung des Ökumenischen Rates in Nairobi 1975.

Der Reformierte Weltbund beschloß auf seiner Generalversammlung in Nairobi 1970 ein Studienprogramm zum Thema »Theologische Basis der Menschenrechte und der Befreiung«. Nach intensiver Arbeit in allen Mitgliedskirchen wurde der Verfasser mit einer zusammenfassenden Studie beauftragt. Sie wurde auf der Konsultation der theologischen Abteilung 1976 in London diskutiert und akzeptiert. Zusammen mit Empfehlungen über »Theologische Richtlinien« und »Einige praktische Folgen« wurde sie als »Theological Basis of Human Rights« veröffentlicht. Auf der Jahrhunderttagung des Reformierten Weltbundes in St. Andrews 1977 wurde diese »Theological

Basis of Human Rights« offiziell angenommen als »first step toward an ecumanical Christian declaration on Human Rights«. Es wurde die theologische Zusammenarbeit mit der ökumenischen Kommission, dem Lutherischen Weltbund, der orthodoxen Kirche und den römisch-katholischen Kommissionen auf der einen Seite und die eingehende Beschäftigung mit dem Problem »Menschenrechte und Politik« beschlossen.

Der Lutherische Weltbund beschloß auf seiner Versammlung in Evian 1970 gleichfalls eine Studie über Menschenrechte. Im Sommer 1976 hielt er eine zusammenfassende Konsultation in Genf ab und veröffentlichte die Ergebnisse 1977 unter dem Titel: Theologische Perspektiven der Menschenrechte. Federführend waren Heinz-Eduard Tödt und Wolfgang Huber, die ihre Arbeiten zum Thema 1977 in dem Buch »Menschenrechte, Perspektiven einer menschlichen Welt« veröffentlichten. Eine Reihe von Arbeiten einzelner lutherischer Theologen (Jörg Baur, Zum Thema Menschenrechte, 1977; Trutz Rendtorff, Menschenrechte und Rechtfertigung, 1976; Wolfgang Schweitzer, Bericht in der Zeitschrift für Evangelische Ethik, 1978, 1) ergänzen die genannte Studie.

Im Herbst 1974 hatte die Römische Bischofssynode schon eine »Botschaft über Menschenrechte und Versöhnung« veröffentlicht. 1976 erstellte die Päpstliche Kommission »Justitia et Pax« ein »Arbeitspapier« über Die Kirche und die Menschenrechte.

Aus dem Bereich der orthodoxen Kirchen sind mir keine offiziellen Erklärungen zu den Menschenrechten bekannt. Ich kann mich daher in den folgenden theologischen Überlegungen nur auf die angeführten kirchlichen Dokumente beziehen.

Sieht man auf den Inhalt dieser theologischen Erklärungen und kirchlichen Stellungnahmen im ökumenischen Bereich seit 1948, dann kann man interessante Verschiebungen in der Thematik wahrnehmen.

Von 1948 bis 1960 etwa stand die Frage der »Religionsfreiheit« im Zentrum der kirchlichen und theologischen Arbeit an den Menschenrechten. Religionsfreiheit, namentlich in Ländern mit sozialistischer Staatsideologie, ebenfalls in Ländern mit Staatsreligionen ist auch ein Thema geblieben. Das zeigt nicht zuletzt die Mitarbeit der Konferenz Europäischer Kirchen an der Schlußakte der KSZE-Konferenz von Helsinki 1975 und die dramatische Auseinandersetzung mit Vertretern der russisch-orthodoxen Kirche auf der V. Vollversammlung in Nairobi 1975. Aber es ist nicht mehr das Hauptthema. Eigentlich war es schon auf der Vollversammlung in Amsterdam 1948 klar, daß Religions- und Gewissensfreiheit nur im Zusammenhang der anderen individuellen Freiheits- und Schutzrechte realisiert werden können. Die Kirche kann nicht erst dann protestieren, wenn ihre eigene Religionsfreiheit bedroht ist. Sie ist um des Menschen willen da und muß ihre Stimme für des Menschen Rechte erheben. Das damalige Leitbild einer »Verantwortlichen Gesellschaft« zeigt das deutlich.

Seit etwa 1960 drängte sich ein anderes Thema in den Vordergrund der ökumenischen Versammlungen, auf denen die Stimmen aus der Dritten Welt immer lauter wurden. Es war die Verurteilung des Rassismus als schwerer Verletzung fundamentaler Menschenrechte. Auch hier wurde rasch klar, daß man die Phänomene rassistischer Unmenschlichkeit nicht von politischem Kolonialismus und wirtschaftlicher Ausbeutung in Afrika, Asien, Lateinamerika und anderswo trennen kann. Das aber bedeutet, daß man lernen mußte, die Menschenrechte nicht mehr einseitig als individuelle Freiheitsrechte aufzufassen. »In der modernen weltweiten Gemeinschaft sind die Rechte des einzelnen unvermeidlich mit dem Kampf um einen besseren Lebensstandard für die sozial Benachteiligten in vielen Völkern verknüpft. Menschenrechte können in einer Welt krasser Ungleichheit und sozialer Konflikte nicht gesichert werden«, erkannte die IV. Vollversammlung des Ökumenischen Rates in Uppsala 1968. Damit drang die Erkenntnis in den Vordergrund, daß es wirtschaftliche, soziale und kulturelle Menschenrechte gibt, von denen die west-europäische Freiheitsgeschichte wenig zu sagen weiß. Die Menschenrechtspakte (International Covenants) von 1966 nennen die »wirtschaftlichen und sozialen Rechte« an erster, und die »bürgerlichen und politischen Rechte« erst an zweiter Stelle. Wie anders soll auch ein Mensch seine individuellen Freiheitsrechte verwirklichen, wenn er nicht die ökonomischen und sozialen Möglichkeiten dazu findet?

Während die Marxisten seit 1948 die Menschenrechte als bürgerliche Ideologie für die Verschleierung der kapitalistischen Ausbeutung verworfen haben, sind durch die Menschenrechtspakte von 1966 und seit der St. Pölten-Konsultation 1974 zum ersten Mal auch sozialistische Konzepte der Menschenrechte vorgestellt und diskutiert worden. Schließlich heißt es in der sozialistischen Internationale: »Völker hört die Signale, auf zum letzten Gefecht: die Internationale erkämpft das Menschenrecht«. Dennoch ist es noch ein langer Weg im west-östlichen Dialog zu einem gemeinsamen Verständnis der Menschenrechte. Bisher verstehen beide Verschiedenes und Widersprechendes darunter.

Aus den Völkern der Dritten Welt, die aus kolonialer Abhängigkeit, aus kultureller Entfremdung und politischer Unterdrückung ihren Weg in die Freiheit suchen, kommen noch einmal andere Prioritäten in die ökumenische Menschenrechtsdiskussion. In diesen Ländern ist verständlicherweise das Interesse an Pressefreiheit oder am Streikrecht gering. Das Recht auf Leben und auf die Mittel, die das Überleben möglich machen, steht im Vordergrund. Der St. Pölten-Bericht stellt darum ebenso wie die Römische Bischofssynode das »Recht auf Leben«, auf Nahrung und Arbeit an den Anfang der Menschenrechtskataloge.

Die Geschichte der ökumenischen Diskussion über die Menschenrechte zeigt einen ganz auffallenden Weg von der fast selbstverständlichen Vorherrschaft der westlich-bürgerlich-liberalen Auffassung der Menschenrechte als der Freiheitsrechte des einzelnen zur Aufnahme sozialistischer Vorstellungen von den ökonomischen Menschenrechten und den sozialen Rechten der menschlichen Gemeinschaft, endlich zur Wahrnehmung der Lebensinteressen der Dritten Welt. Dieser Weg ging durch viele Spannungen und Konflikte, die bisher nicht überwunden sind. »Religionsfreiheit« – »Rassismus« – »ökonomische Selbständigkeit« sind immer noch Schlagworte, die in die verschiedenen Richtungen zeigen. Um so wichtiger wird die Erkenntnis des inneren Zusammenhangs der individuellen, der sozialen und der vitalen Menschenrechte. Weil es sich um den *einen* Menschen, um das eine Menschengeschlecht und um die *gemeinsame* Menschlichkeit handelt, muß man nach dem Band fragen, das sie innerlich zusammenhält. Viele Konferenzen haben sich mit der Aufstellung pragmatischer Kataloge notwendiger und wünschbarer Menschenrechte begnügt. Aber die einfache Addition hilft nicht, weil sie die leider in vielen Situationen unausweichliche Subtraktion nicht verhindert. Gewiß gibt es

Prioritäten, die den verschiedenen Situationen der erlittenen Unmenschlichkeit entsprechen. Aber die für das Handeln notwendigen Prioritäten werden zur Ideologie, wenn sie absolut gesetzt werden. Prioritäten schließen anderes nicht aus, sondern stellen es nur zunächst zurück.

Die Christenheit, die in der ökumenischen Bewegung auf einen gemeinsamen Weg getreten ist, hat ihre Gemeinschaft bisher in den »drei Welten« und ihren Konflikten zum Trotz bewährt. In diesen Spannungen lebt trotz allem der gemeinsame Glaube. Die ökumenische Menschenrechtsdiskussion zeigt eine erstaunliche Offenheit und Flexibilität der Christen, die in so widersprüchlichen Situationen leben müssen. Darum, glaube ich, ist die weitere Erkenntnis, Entwicklung und Förderung der Menschenrechte zum Rahmen ökumenischer Politik und Ethik geworden. Befreiung, Entwicklung, passiver und aktiver Widerstand, Überwindung des Rassismus, Entwicklungshilfe, Kernkraftwerke und der Aufbau einer »sustainable society« werden heute im Rahmen der Menschenrechte diskutiert. Denn die politischen und sozialen Weisungen der Kirche gewinnen ihre universale Bedeutung erst durch ihren Bezug auf die Menschenrechte. Durch den Bezug auf die Menschenrechte wird die Kirche zur »Kirche für die Welt«.

II. Arbeit an der theologischen Basis der Menschenrechte

Die meisten ökumenischen Konferenzen, die sich unter anderem mit Menschenrechten befassen, begnügen sich damit, jene Liste von Rechten aufzustellen, die sie für die Humanität des Menschen für wesentlich halten. Die Anordnung der Rechte auf diesen Listen zeigt dann die Prioritäten an: »Menschenrechte, die heute besonders bedroht sind«. So finden wir im St. Pölten-Report einen Sechs-Punkte-Katalog, der mit dem »Recht auf Leben« beginnt, dann zur »Anerkennung der kulturellen Identität« kommt und erst danach von der »Mitwirkung an den Entscheidungsprozessen«, von »Meinungsfreiheit«, dem »Recht auf persönliche Würde« und der »Religionsfreiheit« spricht. Ganz ähnlich sieht der Katalog der Römischen Bischofssynode von 1974 aus: nach dem »Recht auf Leben« kommt das »Recht auf Nahrung«, sozio-ökonomische Rechte, politische und kulturelle Rechte und das Recht auf Religionsfreiheit. Man muß aber offensichtlich schon in St. Pölten gespürt haben, daß es nicht ausreicht, nur solche Wunschzettel aufzustellen. Darum sagte man: »Alle Menschenrechte, seien sie soziale, wirtschaftliche, religiöse oder politische, hängen zusammen. Sie müssen als ein Ganzes genommen werden. Die Kirchen sollten ihnen gleiche Wichtigkeit geben und die Verwirklichung von allen anstreben.« Wie aber kann man die Menschenrechte als ein Ganzes auffassen, wenn man nur verschiedene Kataloge von ihnen kennt? Worin liegt ihre Einheit? Von woher kann man sie als ein Ganzes erkennen?

Hier gibt es zwei verschiedene Ansätze. Heinz-Eduard Tödt und Wolfgang Huber, denen der Lutherische Weltbund in seiner Erklärung von 1977 gefolgt ist, schlagen vor, die Kataloge und Prioritätenlisten durch eine idealtypische Betrachtungsweise aller Menschenrechte zu ersetzen. Man kann nämlich in allen Menschenrechten drei Sachmomente erkennen: es sind Freiheit, Gleichheit und Teilhabe. In dieser Trias finden Tödt und Huber die ideale »Grundfigur des Menschenrechts«. Sie verwenden diese Figur als hermeneutischen Schlüssel zum Verständnis der

Vielzahl von Menschenrechten. Dadurch wird zu definieren möglich, was Menschenrecht im Singular eigentlich heißt. Es muß allerdings die Unbestimmtheit in Kauf genommen werden, daß man nicht wissen kann, wie diese drei Dimensionen bei jedem einzelnen Recht funktionieren. Schon »Freiheit« und »Gleichheit« führen in den meisten Fällen zu Widersprüchen, weil beide zugleich verwirklicht werden können. Justitia et Pax und die reformierte Theologische Basis gehen von der Unterscheidung zwischen Menschenwürde und Menschenrechten aus: Menschenrechte gibt es im Plural, Menschenwürde aber nur im Singular. Darum steht die Würde des Menschen über den vielen Rechten und Pflichten, die mit dem Menschsein verbunden sind. Menschenwürde ist die eine, unteilbare, unveräußerliche und gemeinsame Qualität des Menschen. Die verschiedenen Menschenrechte stellen eine Ganzheit dar, weil der Mensch in seiner Würde ein Ganzer ist. Die Vollständigkeit der Kataloge und der Liste von Menschenrechten ist nicht identisch mit dieser Ganzheit. Von der Würde des Menschen fällt vielmehr auf jedes Fragment seiner Menschenrechte das Licht der Ganzheit.

Die Allgemeine Erklärung der Menschenrechte von 1948, Art. 1, und die meisten Staatsverfassungen, die jene Menschenrechte als Grundrechte der Bürger feststellen, gehen von dieser anthropologischen Fundamentalunterscheidung zwischen Menschenwürde und Menschenrechten aus. Des Menschen Würde ist selbst kein Menschenrecht, sondern Quelle und Grund für alle Menschenrechte und alle Menschenrechte dienen der Achtung der singulären Würde des Menschen.

Wir folgen zunächst dieser Unterscheidung. Die eine, unteilbare, unveräußerliche Würde des Menschen kann – wie soeben geschehen – negativ so umschrieben werden, daß Menschen verschiedener Glaubensweisen und Ideologien zustimmen können. Das ist ein Vorteil, denn eine Lehre von den Menschenrechten muß für alle Menschen offen sein und selbst Religionsfreiheit praktizieren. Dennoch kann man einen Schritt über diese negativen Umschreibungen der Würde des Menschen hinausgehen, wenn man auf die allgemeine Bedingung des Menschseins eingeht: die Würde des Menschen liegt darin, daß jeder einzelne und alle gemeinsam »Mensch« sind. Soll dieser Satz keine Tautologie sein, dann setzt er die Differenz zwischen der Existenz und dem Wesen des Menschen voraus: Der Mensch ist Mensch und er soll Mensch sein. Seine Menschhaftigkeit enthält seine Menschlichkeit nur erst als Möglichkeit, noch nicht als stete Wirklichkeit. Mit der hominitas steht die humanitas auf dem Spiel. Sie kann verwirklicht werden, sie kann aber auch verhindert werden. Nur vom Menschen sagen wir, daß er »unmenschlich« handle, wenn er Menschenrechte verletzt. Bei einem Hund ist es nicht einmal sprachlich möglich, Entsprechendes zu sagen.

Also liegt die Würde des Menschen darin, daß er Mensch ist und Mensch sein soll. Sein Dasein ist Gabe und Aufgabe zugleich. Es stellt ihm die Aufgabe, sich selbst, sein Wesen, zu verwirklichen und so in seine Wahrheit zu kommen. An dieser Stelle gibt es in den lutherischen, den reformierten und auch in den katholischen Dokumenten eine merkwürdige Polemik gegen den Humanismus und das moderne – persönliche wie korporative – Streben nach Autonomie. Die christliche Apologetik hat in der europäischen Neuzeit den Willen zur Selbstverwirklichung immer wieder als irreligiös, als antichristlich und als revolutionär diffamiert, so als sei dies der Inbegriff des Egoismus. Christlich sei dagegen das Eintreten für das Recht des

Nächsten, die Verteidigung des anderen, also der Verzicht auf die eigenen Rechte. Gegen die moderne Selbstverwirklichung stellen die Kirchen gern die Selbstlosigkeit in der Liebe. Die Frage aber ist, welches Selbst gemeint ist. Ist das Selbst des Menschen sein Wesen als Mensch, dann hat Selbstverwirklichung nichts mit Egoismus zu tun, sondern ist der eine Teil des biblischen Liebesgebotes: »Liebe Deinen Nächsten wie Dich selbst« (es heißt nicht umgekehrt: Liebe Dich selbst wie Deinen Nächsten). Selbstliebe ist die andere Seite der Nächstenliebe: Ohne Selbstliebe keine echte Nächstenliebe. Ohne Selbstverwirklichung also auch keine Verwirklichung der Menschlichkeit für andere! Die Inanspruchnahme der eigenen Rechte bedarf nicht der Rechtfertigung durch die Liebe, in dem Sinne etwa, daß man ja nur für andere da sein wolle, sondern ist selbst ein Teil des Liebesgebotes.

In der näheren Bestimmung der Würde und des Wesens des Mensches muß der unterscheidbar christliche Beitrag der Theologie herauskommen. Die Christen können nicht erwarten, daß alle Menschen ihrem christlichen Menschenbild zustimmen. Darum gibt es hier keinen Absolutismus des christlichen Glaubens. Aber alle anderen Menschen können erwarten, daß die Christen sagen und zeigen, was sie von des Menschen Würde halten und zur Verwirklichung seiner Menschenrechte beitragen können. Darum gibt es hier die Offenheit des christlichen Glaubens.

St. Pölten hat sich mit einem kurzen Bekenntnis begnügt: »It is our conviction that the emphasis of the Gospel is on the value of all human beings in the sight of God, on the atoning and redeeming work of Christ that has given to man his true dignity, on love as the motive for action, and on love for one's neighbour, as the practical expression of an active faith in Christ. We are members one of another, and when one suffers all are hurt«. (»Es ist unsere Überzeugung, daß das Evangelium den Wert aller Menschen in der Sicht Gottes betont, und daß das Versöhnungs- und Erlösungswerk Christi dem Menschen seine wahre Würde gegeben hat, daß die Liebe das Motiv allen Handelns sein soll, und daß die Liebe zum Nächsten der praktische Ausdruck eines lebendigen Glaubens an Christus ist. Wir sind alle Glieder eines Leibes, und wenn ein Glied leidet, leiden alle mit«.)

In der Erklärung der Römischen Bischofssynode lautet der entscheidende Satz ganz ähnlich: »Die Menschenwürde hat ihre Wurzel darin, daß jeder Mensch Abbild und Widerschein Gottes ist. Daher sind alle Menschen in ihrem Wesen untereinander gleich. Die ganzheitliche personale Entfaltung ist Manifestation dieses Bildes Gottes in uns ... Das Geheimnis der Menschwerdung – der Sohn Gottes nimmt menschliche Natur an – wirft neues Licht auf das Menschenbild und seine Würde, wie es unserem natürlichen Verstehen zugänglich ist. Denn nur im Geheimnis des fleischgewordenen Wortes klärt sich das Geheimnis des Menschen wahrhaft auf«.

Am umfassendsten hat die reformierte Theologische Basis die Würde des Menschen in seiner Gottebenbildlichkeit gesehen und diese Gottebenbildlichkeit in ihren wichtigsten Dimensionen entfaltet:

1. Ebenbild Gott ist der gottentsprechende Mensch.
2. Indem der Mensch Gott, seinem Schöpfer entspricht, kommt er in seine Wahrheit.
3. Der gottentsprechende Mensch ist der Anfang und das Ziel der Geschichte Gottes mit dem Menschen in der Schöpfung, der Versöhnung und der Erlösung.
4. Der Mensch soll Gott im Verhältnis zu sich selbst

entprechen. Der Mensch ist in dieser Hinsicht Person und hat dafür wesentliche Freiheitsrechte.

5. Der Mensch soll Gott im Verhältnis zu anderen Menschen entsprechen. Menschen sind in dieser Hinsicht soziale Wesen und haben dafür wesentliche Gemeinschaftsrechte.

6. Der Mensch soll Gott im Verhältnis zur nichtmenschlichen Schöpfung entsprechen. Er ist zur Herrschaft über und zur Gemeinschaft mit der Erde bestimmt und hat dafür wesentliche ökonomische Rechte und ökologische Pflichten.

7. Endlich soll der Mensch Gott in der Folge der Generation entsprechen. Er ist in dieser Hinsicht ein geschichtliches Wesen und hat entsprechende zeitliche Rechte und Pflichten in der Folge der Generationen.

Weil auch von lutherischer Seite vielfach betont wird, daß die Würde des Menschen seine Gottebenbildlichkeit sei, kann man hier eine sachliche Konvergenz aller christlichen Erklärungen zu den Menschenrechten erkennen.

Wo liegen die Differenzen und wo liegen Unklarheiten?

III. Theologische Differenzen und offene Fragen

1. Die reformiert-lutherische Differenz: Die reformierte Theologische Basis gründet die Menschenrechte in der Menschenwürde und die Menschenwürde in der Gottebenbildlichkeit des Menschen und die Ebenbildlichkeit in dem Recht Gottes auf den Menschen. Sie folgt damit der »theologischen Begründung des Rechts« (J. Ellul) und der Richtung »Rechtfertigung und Recht« (Karl Barth). Sie sieht die Gottebenbildlichkeit des Menschen im föderaltheologischen Kontext des Bundes Gottes. Diese Begrün-

dungsweise hat gewiß den Nachteil, daß sie nur für Christen akzeptabel ist. Sie hat aber den Vorteil, daß sie Christen für die Menschenrechte und ihre Durchsetzung motiviert und aktiviert; und zwar als Christen und nicht nur beiläufig. Die lutherische Kritik von Tödt und Huber setzt mit der Zwei-Reiche-Lehre ein. Danach sind die Menschenrechte säkulare Phänomene, auf die sich die Christen nicht direkt als Christen, sondern nur indirekt mit Hilfe ihrer »von der Liebe erleuchteten Vernunft« beziehen können. Sie erkennen dann in den Menschenrechten Gleichnisse und Analogien zum christlichen Glauben. Eine »christliche Begründung« der Menschenrechte wird abgelehnt, dennoch soll »nach dem Grund gefragt werden, von dem her wir Christen mit den säkularen Menschenrechten umzugehen und sie zu verstehen haben«. Wo liegt die Differenz zwischen dem einen Grund und dem anderen Grund? Tödt und Huber analysieren in den Phänomenen der Menschenrechte »transzendierende Momente«, die auf die Zusagen des Evangeliums verweisen. Sie finden »offenkundige Entsprechungen zwischen den Sachmomenten der Grundfigur des Menschenrechts und den Grundinhalten christlichen Glaubens«. Auf diese Weise möchten sie als Theologen mit den Menschenrechten nicht »legitimierend«, sondern »kritisch-konstruktiv« umgehen. Es ist für einen Außenstehenden nicht leicht, die wirkliche Differenz zwischen der lutherischen und der reformierten Auffassung zu erkennen. Im Grunde läuft der Rückbezug, den die »im Glauben erleuchtete Vernunft« vornimmt, auf das Gleiche hinaus, was die »theologische Begründung« der Menschenrechte aus dem Recht Gottes auf den Menschen sagt. Die wirkliche Differenz liegt vermutlich in den historischen Traditionsbestimmungen: die reformierten Kirchen haben seit der puritanischen Revolution unmittelbaren Anteil und darum direktes Interesse an den Menschen- und Bürgerrechten. Die lutherischen Kirchen müssen sich erst nachträglich und mühsam auf etwas beziehen, an dessen Entstehung sie kaum selbst mitgewirkt haben. Dennoch bleibt die Frage offen, wie die Partikularität des christlichen Glaubens auf den menschenrechtlichen Universalismus zu beziehen ist.

2. Die katholisch-reformierte Differenz: Auch hier machen sich die Vorurteile der verschiedenen Traditionen geltend. In der Zusammenstellung lehramtlicher Erklärungen durch Justitia et Pax ist deutlich das thomistische Schema von Natur und Gnade zu erkennen: »alle Menschen sind mit der gleichen Würde der Natur ausgezeichnet, aber erst im Geheimnis des fleischgewordenen Wortes Gottes klärt sich das Geheimnis des Menschen wahrhaft auf«. In der reformierten Theologischen Basis ist das reformatorische Schema von Sünde und Gnade sichtbar. »Für die Christenheit wird in dieser Welt der Sünde und der Unmenschlichkeit Gottes Recht auf den Menschen durch das Evangelium von Christus offenbar. Weil durch dieses Evangelium allen Menschen das göttliche Recht der Gnade verkündet wird, wird mit ihm zugleich die gottgegebene Würde jedes und aller Menschen proklamiert« (55). Beide Perspektiven schließen sich, recht verstanden, nicht aus. Die Gnade, die die Natur voraussetzt, schafft sich einen universalen Horizont. Die Gnade, die Sünder rechtfertigt, macht die Gerechtigkeit Gottes konkret erfahrbar. In der reformierten Erklärung kann man die Imago-Dei-Lehre als gemeinchristliche Basis verstehen. In der katholischen Erklärung wird der zentrale Verweis auf das »Licht des Evangeliums«, in welchem die Kirche

die Menschenrechte erkennt, die Zustimmung der evangelischen Christen finden.

Die gemeinsame Konzentration auf das Evangelium Christi schränkt den Universalismus der Menschenrechte nicht ein, sondern erleuchtet vielmehr den weitesten Umkreis von der Schöpfung des Menschen bis zur Vollendung seiner Geschichte. Um dies zu verstehen, muß man unterscheiden zwischen der Ordnung der Dinge und der Ordnung der Erkenntnis. Die Offenbarung Gottes in Christus durch das Evangelium ist der Zugang zur Erkenntnis der Würde aller und jedes Menschen als Bild Gottes und zur Hoffnung auf die Menschwerdung aller und jedes Menschen im göttlichen Reich der Freiheit. Was aber durch Offenbarung im Glauben erkannt wird, das wird durch die Offenbarung vorausgesetzt und erschlossen: die Schöpfung auf der einen Seite, die Vollendung auf der anderen.

Dennoch bleibt hier die Frage offen, wie diese Erkenntnis im Blick auf die Menschenrechte beschaffen ist.

3. Die Erfahrung der Befreiung und der Einsatz für die Menschenrechte

In der katholischen Erklärung liegt der erkenntnismäßige Ausgangspunkt in den verbindlichen Erklärungen des Lehramtes der Kirche, dessen Aufgabe es ist, das Evangelium zu bezeugen und die Tradition zu bewahren. Der Ausgangspunkt ist für den einzelnen Christen also die Erfahrung der Kirche Christi.

In der reformierten Erklärung liegt der Ausgangspunkt in den Zeugnissen der Heiligen Schrift, die allen Menschen das Evangelium von der in Christus offenbaren Gerechtigkeit Gottes verkündigt. Ausgangspunkt für den einzelnen Christen ist also die Erfahrung der Rechtfertigung im eigenen Glauben.

Nun gibt es aber in Wirklichkeit noch einen dritten Ausgangspunkt, der auf die eine oder andere Weise in den beiden genannten stets präsent ist: es ist der Ausgang bei der eigenen Lebenserfahrung. Ob als Glied der Kirche Christi oder als einer, der an Christus glaubt, – unser Verständnis der Menschlichkeit und der Menschenrechte wird durch unsere persönliche und kollektive Lebenserfahrung geprägt. Wir erfahren die Unmenschlichkeit einer Diktatur, wirtschaftlicher Ausbeutung, des Rassismus oder der Naturzerstörung, sofern wir darin leben müssen. Wir erfahren diese Zustände als »unmenschlich«, wenn wir durch die gegensätzliche Erfahrung von Menschlichkeit sensibilisiert worden sind. Sonst würden wir uns daran gewöhnen. Wir erfahren das Leiden an Unfreiheit als einen bewußten Schmerz, wann und wo immer die Freiheit »nahe herbeigekommen« ist. Nach unseren Hoffnungen und unseren Erfahrungen bilden wir unsere Vorstellungen von Freiheit und Menschlichkeit. Wer unter Rassismus leidet, begreift ein anderes Stück der Menschenrechte, als wer unter ideologischer Diktatur leidet. Und wer daran leidet, daß diese Welt immer gespaltener und feindseliger wird, je mehr sie zu einer Welt zusammenwächst, für den wird die Ganzheit der Menschenrechte wichtig. Der Ausgangspunkt für die Erkenntnis der Menschenrechte ist christlich gewiß die Erfahrung der Kirche Christi und die Erfahrung Christi im eigenen Glauben, aber beide Erfahrungen stehen im Kontext der realen Geschichte von Unterdrückung und Befreiung, von Unmenschlichkeit und Menschlichkeit. Würde man die spezielle christliche Erfahrung aus diesem Kontext isolieren, dann würde diese christliche Erfahrung abstrakt werden und nicht mehr mittelbar sein. Wir haben von der Befreiungstheologie gelernt, dort zu beginnen, wo wir selbst in unserem eigenen Volk wirklich existieren. Erfahrung in der Praxis der Befreiung von Unmenschlichkeit ist für Christen und Kirchen der konkrete Ausgangspunkt für den Einsatz für Menschenrechte.

IV. Die Aufgabe christlicher Theologie

Die Aufgabe der christlichen Theologie liegt nicht darin, selbst noch einmal darzustellen, was Tausende von Experten, Juristen, Parlamentarier und Diplomaten in den Vereinten Nationen schon vollbracht haben. Die christliche Theologie kann sich aber auch nicht von der Diskussion und dem Kampf um die Verwirklichung der Menschenrechte dispensieren. Im Namen der Schöpfung des Menschen zum Ebenbild Gottes, im Namen der Menschwerdung Gottes zur Versöhnung der Welt und im Namen des kommenden Reiches Gottes zur Vollendung der Geschichte ist der Kirche Verantwortung für die Menschlichkeit des Menschen sowie um seine Rechte und Pflichten in der Zeit aufgetragen. Den theologischen Beitrag der christlichen Kirche sehen wir in der Begründung der fundamentalen Menschenrechte auf dem Recht Gottes auf den Menschen. Der christliche Glaube hat über die verschiedenen Rechte und Pflichten der Menschen hinaus die eine unteilbare Würde des Menschen in seinem Leben mit Gott zu achten, ohne damit andere religiöse oder humanistische Begründungen der Menschenrechte auszuschließen.

Die christliche Theologie bezieht sich auf Grund der biblischen Zeugnisse auf die Geschichte Gottes mit den Menschen. In dieser Geschichte geht es um die Erlösung des Menschen von seiner sündigen Gottlosigkeit (Adam) und die Befreiung von seiner tödlichen Unmenschlichkeit (Kain) und darin um die Erfüllung seiner ursprünglichen Bestimmung zum Ebenbild Gottes.

Gemäß dem Alten Testament reflektiert die Theologie die Befreiung Israels aus der Knechtschaft in Ägypten, den Bund des befreienden Gottes mit der erwählten Gemeinschaft und die Rechte und Pflichten des Gottesvolkes, die in diesem Bund der Freiheit beschlossen sind. Die Heilsereignisse: Befreiung, Bund und Recht Gottes sind der konkrete Inhalt des biblischen Zeugnisses des Alten Testaments, und zwar in dieser Reihenfolge. Sie haben wegweisende Kraft für Israel und die Christenheit im besonderen und durch beide exemplarische Bedeutung für alle Menschen und Völker. Durch Gerechtigkeit und Frieden werden Israel und die Christenheit zum »Licht der Völker«.

Gemäß dem Neuen Testament reflektiert die Theologie die Befreiung des Menschen von Sünde, Gesetz und Tod durch die Sendung, die Hingabe und die Auferstehung Jesu Christi. Durch die Herrschaft des gekreuzigten Gottessohnes wird die Macht des Bösen gebrochen. In seiner Parusie wird die Freiheit der Kinder Gottes in Erscheinung treten. Die Befreiung durch den stellvertretenden Tod Cristi, der neue Bund in seinem Blut und die neuen Rechte und Pflichten der Gemeinde aus »Herren und Knechten, Juden und Heiden, Männern und Frauen« (Gal 3,28) sind der konkrete Inhalt des biblischen Zeugnisses des Neuen Testamentes. Weil Christus in seiner Sendung, seiner Hingabe und seiner Auferstehung »das sichtbare Ebenbild des unsichtbaren Gottes« ist, werden Menschen in seiner Gemeinschaft zu seinen Brüdern und Schwestern und treten auf den Weg zur Erfüllung ihrer menschlichen Bestimmung als Ebenbild Gottes in der Welt. In der Gnade Gottes liegt die Würde des Menschen.

Indem christliche Theologie die Befreiung, den Bund und das Recht Gottes nach den biblischen Zeugnissen reflektiert, entdeckt sie auch die Freiheit, den Bund und die Rechte der Menschen heute. Sie erweckt deshalb den Schmerz an den gegenwärtigen, inneren und äußeren Versklavungen der Menschen. Sie ruft auf zum Einsatz für die Befreiung zu einem Leben in der Würde, den Rechten und den Pflichten der Gemeinschaft mit Gott. In einer Welt, die noch nicht das Reich Gottes ist, kann die Christenheit keinen Bereich des Lebens ohne das Zeugnis der göttlichen Befreiung, des Bundes Gottes und der Würde des Menschen lassen. Das biblische Zeugnis von Befreiung, Bund und Recht Gottes führt zu einer ihm entsprechenden Praxis der Christenheit.

Die universale Voraussetzung der besonderen Geschichte Gottes mit Israel und der Christenheit liegt darin, daß der sie befreiende und erlösende Gott der Schöpfer aller Menschen und Dinge ist. In seinem befreienden und erlösenden Handeln wird darum die ursprüngliche Bestimmung aller Menschen erfahren und erfüllt. In der Bestimmung zum »Ebenbild Gottes« ist das Recht Gottes auf alle Menschen ausgesprochen. Die Menschenrechte auf Leben, Freiheit, Gemeinschaft und Selbstbestimmung spiegeln das Recht Gottes auf den Menschen wider, weil der Mensch in allen Lebensbezügen zum Ebenbild Gottes bestimmt ist.

Das universale Ziel der besonderen Gotteserfahrungen Israels und der Christenheit liegt darin, daß der sie befreiende und erlösende Gott der Vollender der Geschichte der Welt ist und sein Recht auf seine ganze Schöpfung im Reich seiner Herrlichkeit verwirklichen wird. Sein befreiendes und erlösendes Handeln in der

Geschichte offenbart darum die wahre Zukunft des Menschen: »Ebenbild Gottes« bedeutet die volle Gottesgemeinschaft. Der Mensch hat deshalb ein »Recht« auf Zukunft. Die Menschenrechte spiegeln das Recht des kommenden Gottes und die Zukunft des Menschen wider. Die Bestimmung zum Ebenbild Gottes bezeichnet das unteilbare Recht Gottes auf den Menschen und darum die unabtretbare Würde des Menschen.

Dieses Referat erschien bereits in englischer Sprache bei Alan D. Falconer (Hrsg.), Understanding Human Rights. An Interdisciplinary and Interfaith Study, Irish School of Ecumenics, Dublin 1980. Die Veröffentlichung hier erfolgt in Absprache mit der Irish School of Ecumenics.

Peter Saladin

Christlicher Glaube und Menschenrechte
Überlegungen eines Juristen

Einleitung

Die folgenden Überlegungen können und wollen kein Beitrag zur innertheologischen Diskussion über Menschenrechte sein. Sie bewegen sich vielmehr im Vorfeld dieser Diskussion. Mir geht es darum, zu zeigen, warum christlich-theologisches Nachdenken über Menschenrechte und Engagement von Christen für Menschenrechte aus der Sicht eines Nicht-Theologen wichtig sind, welchen Beitrag Besinnung und Engagement von Christen im weltweiten Kampf für die Menschenrechte leisten können und sollen.

Ich möchte eine laienhafte Beobachtung an den Anfang stellen. Die christlich-theologische Diskussion über Menschenrechte ist jung, wenige Jahrzehnte alt, ja sie scheint erst in den letzten Jahren eine gewisse Breite erhalten zu haben. Kaum hat sie aber eingesetzt, erscheint sie von zwei Gefahren bedroht: Einmal scheinen sich die meisten engagierten Theologen wenig um ein interdisziplinäres Gespräch zu bemühen; ihre Entdeckerfreude scheint sie vergessen zu lassen, daß Menschenrechte auch und essentiell ein juristisches Thema sind; und sie scheinen zu übersehen, daß die Juristen ihrerseits mitten in einer intensiven, heftigen Diskussion über verschiedene Aspekte der Menschenrechts-Problematik stehen. Auch von juristischer Seite ist bis vor kurzem insgesamt eher zu wenig als zu viel über Menschenrechte nachgedacht und geschrieben worden. – Überdies sehe ich die Gefahr, daß die junge »Theologie der Menschenrechte« sich in der Herausarbeitung feinster theologischer Unterscheidungen und Abgrenzungen festfährt. Jürgen Moltmann spricht mir aus dem Herzen: »Es ist für einen Außenstehenden nicht leicht, die wirkliche Differenz zwischen der lutherischen und der reformierten Auffassung zu erkennen« (Christlicher Glaube und Menschenrechte, S. 28). Auf solche Weise drohen die großen Probleme und Anliegen verdeckt und vielleicht verfehlt zu werden.

1. Einige Tendenzen des weltweiten Bemühens um rechtlichen Schutz der Menschenrechte

a) Oft ist das Auseinanderklaffen zwischen weltweitem Bemühen um immer wirksameren Schutz der Menschenrechte und, wie es scheint, unverminderter oder wachsender Zahl von Menschenrechtsverletzungen in vielen Teilen der Welt registriert worden. In der Tat scheinen diejenigen, die für Menschenrechte kämpfen, mit wachsender Atemlosigkeit hinter den wachsenden Gefährdungen der Menschenrechte herzulaufen.

b) Auf der einen Seite ist in den letzten Jahren eine Verstärkung des internationalen Menschenrechts-Schutzes dankbar zu registrieren. Seit 1976 sind die beiden UNO-Menschenrechtskonventionen (über die wirtschaftlichen, sozialen und kulturellen Rechte und über die bürgerlichen und politischen Rechte) in Kraft; heute sind sie von 58 bzw. 55 Staaten ratifiziert. Das Fakultativ-Protokoll zur Konvention über die bürgerlichen und politischen Rechte ist, dank 21 Ratifikationen, heute ebenfalls in Kraft. Leider steht die Mehrzahl der UNO-Mitglieder noch heute abseits – ebenso die Schweiz als Nicht-Mitglied! Der Menschenrechts-Ausschuß (Human Rights Committee), der von der Konvention über bürgerliche und politische Rechte geschaffen ist und deren »Durchsetzung« zu besorgen hat, scheint sich neuerdings zu einer mutigeren Haltung durchgerungen zu haben: In zwei Fällen hat er die Verletzung dieser Konvention durch Uruguay festgestellt (s. Europäische Grundrechte-Zeitschrift 1979, S. 498; 1980, S. 2). Der gleiche Ausschuß berät zur Zeit über den schwedischen Entwurf zu einer internationalen Konvention über die Folter, welche die Folterverbote der zuletzt genannten Menschenrechts-Konvention (und der Universellen Menschenrechts-Deklaration) konkretisieren soll, sowie – hoffentlich! – über den Entwurf eines Zusatzprotokolls, mit dem eine internationale Überwachungs-Organisation vorgeschlagen wird.

Mit der KSZE-Schlußakte wurden die Menschenrechte ins Zentrum internationaler Politik gerückt; der Zusammenhang zwischen Sicherheitspolitik und Menschenrechtsschutz ist damit evident geworden.

Bemerkenswert ist auch das zunehmende Bemühen um juristisch verfestigten Menschenrechts-Schutz auf regionaler Ebene: In Europa gelten Menschenrechtskonvention und Sozialcharta. Die amerikanische Menschenrechts-Konvention ist 1969 mit zwölf Ratifikationen in Kraft getreten. Und zur Zeit wird über eine afrikanische Menschenrechts-Konvention (und -Kommission) beraten (vgl. EuGRZ* 1980, Heft 1).

*EuGRZ = Europäische Grundrechte-Zeitschrift

c) Während so der Kampf gegen evidente, klassische Menschenrechtsverletzungen offenkundig intensiviert wird, scheinen andere Gefahren für die Realität der Menschenrechte zu wachsen. Technologische Entwicklungen und eine zum Teil unverminderte Verschwendung von Rohstoffen und Energie bedrohen die Grundlagen für menschliches Überleben in »humaner« Umwelt. Als Stichworte mögen genügen: Kernkraftwerke (die weltweit forciert werden, obwohl der Energieverbrauch ohne Einbuße an Lebensqualität weltweit erheblich reduziert werden könnte), moderne medizinische Technologie mit ihrer Ambivalenz, Meerschiffahrts-Technologie (mit dem Bau immer größerer Tanker und ihrem offenbar zum Teil ungenügenden Unterhalt wird das Risiko gewaltiger Meerkatastrophen ständig vergrößert), Rüstungs-Technologie, Technologie der Massenkommunikation (Ausweitung, Banalisierung und unter Umständen inhumane Steuerung der Massenkommunikation bedrohen menschliche Vernunft- und Empfindungsfähigkeit). Daß solche Entwicklungen auch unter dem Gesichtspunkt der Menschenrechte frag-würdig sind, wurde bisher kaum erkannt, geschweige denn, daß hierfür Antworten bereit stünden; eine Ausnahme machen immerhin die Arbeiten von Jürgen Moltmann.

Bekannt, aber keineswegs bewältigt ist schließlich die wachsende Gefahr für Weltfrieden und Menschenrechte, die aus der sich immer noch vertiefenden Kluft zwischen industrialisierter und Entwicklungswelt herauswächst.

Insgesamt wurde bisher die Grundidee der Menschenrechte zu wenig als umfassendes Prinzip menschlicher Würde begriffen; zu wenig umsichtig wurden daher die Gefährdungen dieser Würde in den Blick genommen und bekämpft. Zu wenig wurde auch die Einsicht in die Praxis umgesetzt, wonach für unterschiedliche Völker zu unterschiedlichen Zeiten in unterschiedlicher sozio-ökonomischer Situation unterschiedliche Aspekte der Menschenrechts-Idee prioritäres Engagement verlangen. Es sollten deshalb internationale Gespräche über Menschenrechte unbedingt zwischen Vertretern verschiedenster »Menschenrechts-Lagen« geführt werden.

Eine globale Erfassung der Menschenrechts-Problematik kann freilich nicht bedeuten, daß die Lösung der Probleme durchwegs mit dem gleichen juristischen Instrumentarium, das heißt mit Menschenrechts-Konventionen und ähnlichem gesucht wird. Vielmehr erfordern die skizzierten unterschiedlichen Gefährdungen der Menschenrechts-Grundidee, das heißt der Menschenwürde, spezifische juristische, ökonomische, politische etc. Antworten. So läßt sich eine Verwässerung des Menschenrechts-Gedankens in einem traditionell engen Sinne vermeiden.

d) Die (juristische) Menschenrechts- (oder Grundrechts-) Dogmatik ist, soweit ich sie übersehe, in den letzten beiden Jahrzehnten in heftige Bewegung geraten. Weitgehend (aber keineswegs umfassend) ist heute anerkannt, daß die schlichte Weiterführung eines traditionellen Menschenrechts- (oder Grundrechts-)verständnisses viele aktuelle und grundsätzliche Menschenrechtsprobleme verfehlt. Menschenrechte dürfen nicht mehr nur als Abwehrrechte des Bürgers gegen den Staat begriffen werden, sie müssen auch von privaten Mächten aller Art respektiert und, wenn nötig, gegen sie rechtlich durchgesetzt werden (sogenannte Dritt- und Horizontalwirkung der Grundrechte). Sie dürfen sich nicht mehr beschränken auf eine Verpflichtung des Staats zu Dulden oder Unterlassen – sie erstrecken sich vielmehr, wenn sie Realität werden wollen, auch auf staatliches Leisten und Handeln (sogenannte Teilgabefunktion der Menschenrechte). Schließlich dürfen die Menschenrechte keinesfalls dem Gesetzgeber zur freien Disposition gestellt, und sie dürfen nicht nur auf die Verpflichtung bestimmter staatlicher Organe beschränkt sein: Alles staatliche Handeln (und eben auch das Verhalten privater Mächte) muß sich von ihnen mit-bestimmen lassen, in welcher Form es auch auftritt; und ein innerster Kern der Menschenrechte darf unter keinen Umständen von keiner Instanz, eben auch nicht vom Gesetzgeber, verletzt werden (sogenannter Wesenskern oder -gehalt der Menschenrechte).

Von einer solchermaßen erneuerten Menschenrechtsdogmatik her ist die These zu relativen, »das Konzept von Menschenrechten, insbesondere als fundamentale Freiheitsrechte, (enthalte) bekanntlich ebenfalls (wie die Rechtfertigungslehre) keine konkreten Anweisungen für eine bestimmte Gestaltung der Gesellschaft« (Trutz Rendtorff, Menschenrechte und Rechtfertigung, in: Festschrift Ernst Steinbach, Tübingen 1976, S. 173).

2. Warum christlich-theologisches Nachdenken über und Engagement für Menschenrechte?

a) Christlich-theologisches Nachdenken über und Engagement für Menschenrechte ist in dem Augenblick legitim und geboten, da eine radikale Zwei-Reiche-Theorie definitiv verlassen, da Röm 13, 1 ff. definitiv nicht mehr als Verpflichtung zu unkritischem Gehorsam gegenüber dem Staat und anderen weltlichen Mächten, sondern als Verpflichtung zu Mit-Verantwortung interpretiert wird.

Alle, die an Jesus Christus glauben, und damit auch alle christlichen Kirchen sind dann aufgefordert, sich für eine Staats- und Rechtsordnung einzusetzen, welche dem Staat und dem Recht zur Erfüllung der ihnen von Gott gesetzten Aufgabe verhelfen (Staat als »Gnadengabe Gottes«, Karl Barth; vergleiche 1. Petrus 2, 13 ff.). Zentrales Element solcher Ordnung sind Anerkennung und Durchsetzung von Menschenrechten.

b) Gewiß ist die Feststellung richtig, daß die Menschenrechtsidee nicht unmittelbar von Christen, jedenfalls nicht von den großen Kirchen und auch nicht mit unmittelbarer Berufung auf das Evangelium entwickelt und zu weltweiter Anerkennung gebracht worden ist. Es ist darum auch nicht vordringlich, den jeweiligen Beitrag der verschiedenen Kirchen und Theologien zu jener Entwicklung präzis herauszuarbeiten. Entscheidend ist vielmehr die Besinnung auf die Frage, welchen Beitrag heute und morgen Christen und besonders die Kirchen zur Weiterentwicklung und Durchsetzung von Prinzipien beitragen können und sollen, die höchstens mittelbar von ihnen in die Welt gesetzt worden sind.

c) Diese Frage ist heute aus verschiedenen Gründen drängend. Einmal hängt die Sicherung des Weltfriedens aufs engste mit der Gewährleistung von Menschenrechten zusammen; jede Verletzung von Menschenrechten ist eine Bedrohung für den Weltfrieden. Sodann sind heute auch außerhalb des sicherheitspolitischen Bereichs Entscheidungen zu treffen, welche für ein »humanes« Überleben und damit für die Realität der Menschenrechte künftiger Generationen konstitutiv sein können (Beispiel: Energiepolitik). Schließlich und vor allem aber ist zu beachten, daß das philosophische Fundament, in dem die Menschenrechts-Idee traditionell begründet ist – Philosopheme der Aufklärung, des Liberalismus, des Utilitarismus – heute weitgehend erschüttert, ja unglaubwürdig geworden ist. Dem anthropologischen Optimismus, der jenen Philosophemen zugrunde liegt, können wir heute, nach zwei Weltkriegen und nach unzähligen Manifestationen der Inhumanität, nicht mehr anhängen ohne Preisgabe intellektueller und moralischer Redlichkeit. Damit hängt aber die Menschenrechtsidee im Leeren; ein eklatantes Begründungs-Defizit ist eingetreten und muß in ein Legitimitäts-Defizit münden, wenn es nicht gelingt, neue Fundamente zu legen. Anzeichen für eine gewisse »Legitimitätskrise« sind (in Ländern wie der Bundesrepublik Deutschland oder der Schweiz) vorhanden. Die Aufgabe, ein neues Fundament zu legen, ist auch und besonders eindringlich den Christen und den Kirchen gestellt.

3. Ist eine theologische »Begründung« der Menschenrechte sinnvoll?

a) Hier soll nicht die Frage nach dem *Wie* theologischer Begründung gestellt werden – dies ist eben nicht Aufgabe des Juristen. Vielmehr sei nach dem *Ob* gefragt: Ist es im Zeitalter fortgeschrittener Rationalität sinnvoll, nach meta-rationaler Begründung zu suchen? Was kann solche Begründung leisten?

b) Aus juristischer Sicht sei zunächst die Notwendigkeit einer Begründung überhaupt betont. Rechtliche Normen gelten im Regelfall nicht wegen der Macht, die hinter ihnen steht und vor deren sanktionierendem Eingreifen im

Falle des Ungehorsams man sich fürchtet; primär empfangen sie Geltung vielmehr vom Glauben an ihre Legalität; die Angst vor der staatlichen Macht tritt freilich (notwendig) ergänzend hinzu. Damit ist unweigerlich die Frage nach der Quelle solcher Legitimität gestellt. Sie ist notwendig meta-juristisch und meta-materialistisch: Sie entspricht im Regelfall und aufs Ganze gesehen weder den Rechtsnormen selbst (Selbst-Evidenz) noch irgendwelchen Sachzwängen oder geschichtlichen Notwendigkeiten (auch die Legitimität des Rechts marxistischer Staaten entspringt letztlich meta-juristischen, nämlich eschatologisch-ethischen Überzeugungen).

Die Notwendigkeit eines neuen Bemühens um meta-juristische Begründung von Menschenrechten wird heute von protestantischen wie von katholischen Theologen anerkannt (als Beispiele: Jürgen Moltman und Walter Kern SJ), aber auch von Philosophen (als Beispiel: Johannes Schwartländer) und von Rechtsphilosophen (als Beispiel: Hans Ryffel). Zu berücksichtigen ist ferner das heutige Bemühen nicht-theologisch orientierter Ethiker um Begründung von Recht und Moral schlechthin (Beispiel: Otfried Höffe, John Rawls [eine kritische Übersicht über verschiedene moderne Begründungsmodelle gibt Otfried Höffe: Sind Moral- und Rechtsbegründung kommunikations- (konsens-, diskurs-)theoretisch möglich? in: derselbe, Ethik und Politik, Frankfurt a. M. 1979, S. 243 ff.]).

c) Freilich stellt sich dann sofort die Frage nach der Verbindlichkeit solcher Begründung, die man zwangsläufig verknüpft sieht mit der Frage nach ihrer »intersubjektiven Ausweisbarkeit«: »Das Evangelium von Jesus Christus kann, einsichtigerweise, Erkenntnisgrund politischer

Gestaltung nur für glaubende Christen sein. Der Staat, die Menschenrechte beanspruchen hingegen Evidenz für jeden Menschen. Sie können also als weltliche Ideen, Leitbilder und Normen ihre ideelle Legitimation nicht aus dem christlichen Glauben entnehmen.« (Martin Honekker, Das Recht des Menschen, Gütersloh 1978, S. 134, in kritischer Auseinandersetzung mit Karl Barth.) Theologische oder christologische Begründung der Menschenrechte wird danach folgerichtig nur akzeptiert, soweit sie den Test der Vernunftgemäßheit besteht. Damit ist, wie es scheint, das Grundproblem theologischer Ethik angesprochen: Das im christlichen Glauben enthaltene Glaubensverständnis steht »vor der Aufgabe, den Akt des Glaubens als eine vor der – in Gestalt von Philosophie begegnenden – Vernunft verantwortbare und in sich sinnvolle Möglichkeit auszuweisen und seine Gehalte in Gestalt einer durch Philosophie vermittelten Theologie zu einem reflektierten Verständnis zu bringen«. (Ludger Honnefelder, Christliche Ethik und natürliche ethische Vernunft, in: Handbuch der christlichen Ethik, Freiburg etc. 1978, I, S. 21.)

So sehr nun aber Rechtsnormen im demokratischen Rechtsstaat einer rationalen Legitimität bedürfen (vgl. auch »Theologische Perspektiven der Menschenrechte« herausgegeben vom Lutherischen Weltbund, 1977, S. 16), so unrichtig wäre es, den kreativen Impetus des christlichen Glaubens zu verkennen – dies aber ist die Gefahr, die hinter dem Satz Martin Honeckers lauert. Es ist bezeichnend, daß Honecker (ähnlich auch Wolfgang Huber und Heinz Eduard Tödt, »Menschenrechte«, Stuttgart 1977, S. 71 ff., 157 ff., vgl. auch die »Theologischen Perspektiven der Menschenrechte«, 1977, S. 13) das Proprium christlicher Ethik in einem bestimmten (nämlich eben christlichen) Umgang mit den Menschenrechten erkennt. Damit ist verkannt, daß alles Recht – nach neuzeitlicher Überzeugung – von Menschen gesetzt, damit von menschlichen Urteilen und Vor-Urteilen bestimmt ist. Christlicher Glaube kann und soll daher nicht erst auf bereits gesetztes, sondern auch und vor allem auf erst zu setzendes Recht einwirken. Das schließt nicht aus, daß die aus christlichem Glauben erzeugten Rechts-Vorstellungen im Gespräch mit Nicht-Gläubigen der Vermittlung durch die Vernunft bedürfen. Zugleich wird damit aber deutlich, daß ein anderes Medium hinzutreten kann: nämlich die glaubensstiftende Kraft Gottes. Wenn ich nur mit Überzeugtheit und Fröhlichkeit meinen Glaubensstandpunkt auf den Tisch lege, kann es geschehen, daß Gott davon etwas auf meinen (zunächst ungläubigen) Gesprächspartner überspringen läßt.

Christlicher Glaube kann sich so in dreifacher Weise als Fundament der Menschenrechte bewähren: einmal als persönliches, meta-juristisches Apriori, auf das ich – als an Setzung, Fortbildung und Handhabung des Rechts der Menschenrechte Beteiligter – meine eigenen rechtspolitischen Konzeptionen gründe – und jedermann bedarf eben denknotwendig eines solchen archimedischen Punktes. Sodann kann meine Glaubensaussage Anknüpfungspunkt für Gottes Geschenk des Glaubens an andere sein. Und schließlich ist die Vernunft selbst Teil des Menschlichen, hat somit teil am Beziehungsgeflecht zwischen Gott und Mensch, ist Geschenk Gottes. Sie ist nicht autonom, auch nicht vollkommen, aber auch nicht quantité négligeable. Sie ist vom christlichen Glaubensakt ablösbar, soll und muß aber nicht von ihm abgelöst werden. Ein Christ ist daher aufgefordert, in seinem Streiten für Menschenrechte seine Vernunft aufs intensivste einzusetzen; er wird sich bemühen, seine Antworten auf Einzelprobleme mit dem

Instrumentarium der Vernunft andern Menschen möglichst einsichtig zu machen, sie davon zu überzeugen. Er braucht aber seine glaubensmäßige Menschenrechtskonzeption nicht einen Test objektiver Vernünftigkeit bestehen zu lassen; denn solche objektive Vernünftigkeit gibt es nicht, weder generell noch individuell: Jedes vernünftige Urteil eines Menschen ist weitgehend bedingt durch sein Vor-Urteil, und das heißt durch seine persönlichen Aprioris. Freilich ist denkbar, daß von unterschiedlichen Aprioris her die kontingente Vernunft zu gleichen Ergebnissen gelangt. – Der Glaube hat somit die Vernunft nicht außer sich zu sehen, und schon gar nicht anzubeten; er hat sie sich vielmehr dienstbar zu machen. Dafür sollten wir heute sensibler sein als Generationen vor uns: »Die Krise der Vernunft, ihre Reduktion auf bloß rationale Effizienz, das Ausklammern der humanen Orientierung, die Reduzierung auf an sich bloß technisch vernünftige, rationale Verfahren hat in der Gegenwart Zweifel an der Tragfähigkeit der Vernunft geweckt.« (Martin Honecker, a.a.O., S. 163.)

Es wäre meines Erachtens sehr nützlich, in diesem Zusammenhang die Blicke über die Grenzen des Christentums hinaus zu richten. Dem Islam wäre die Frage nach dem Sinn theologischer Begründung von Menschenrechten unbegreiflich – für ihn ist solche Begründung selbstverständlich: Das islamische Recht bezieht die Verbindlichkeit einer Norm »aus der religiösen Offenbarung«. »Für den Muslim ... ist die Verhaltensregel der göttliche Wille, der im Koran zum Ausdruck gebracht und durch die prophetische Mission Mohammeds klar formuliert worden.« (Marcel Boisard, Der Islam und die internationale Moral, Paris 1979, S. 22.) Es wäre wohl höchst ergiebig, Gespräche über Menschenrechte zwischen Christen und Muslimen (und auch Anhängern anderer großer Religionen) aufzunehmen – fruchtbarer vermutlich als stets über das Verhältnis von Glauben und Vernunft zu diskutieren!

4. Auf welche Menschenrechte soll sich christliches Engagement beziehen?

a) In juristischer wie in theologischer Literatur sind Unterschiede zwischen verschiedenen Kategorien herausgearbeitet, oft aber – und mit Recht – die Verbindungslinien, ihre notwendige Zusammengehörigkeit betont worden. In der Tat dürfen jene Unterschiede (vor allem zwischen sogenannten Freiheits- und sogenannten Sozialrechten) nicht überbetont werden – obwohl das besonders in der juristischen Literatur immer wieder geschieht. Die Grenzen werden fließend, wenn man konsequent den Gedanken durchführt, Menschenrechte seien Konkretisierungen des »Prinzips Menschenwürde«.

b) Demgemäß sind als Menschenrechte nicht nur die bekannten Gruppen der Freiheits-, Schutz- und Sozialrechte zu qualifizieren. Menschenrechtliche Qualität haben vielmehr grundsätzlich auch Partizipationsrechte (vor allem Karl Barth hat auf die biblische Fundierung demokratischer Partizipation hingewiesen). Der Kreis ist aber noch weiter zu ziehen: Auch das Gebot der Kriegsvermeidung und der Linderung der Kriegsfolgen (humanitäres Kriegsvölkerrecht), das Gebot des Schutzes von Flüchtlingen, von Minderheiten, von Behinderten impliziert Menschenrechte, und auch das Gebot haushälterischen Umgangs mit Rohstoffen, Energie und Abfällen ist für die

Realität der Menschenrechte konstitutiv. Hier wird übrigens auch die enge Entsprechung von Menschenrechten und Menschenpflichten einsehbar: Jedes Menschenrecht begründet Pflichten für andere; und je größer und unbestimmter der Kreis der Träger bestimmter Menschenrechte wird, desto mehr empfiehlt es sich, in Verfassungen und internationale Vertragswerke eher Grundpflichten als Grundrechte aufzunehmen. Nicht zu übersehen ist schließlich, daß alle Menschen des Menschenrechtsschutzes teilhaftig werden müssen, weil alle Träger göttlicher Würde sind; auch Kinder, Strafgefangene, Gastarbeiter, coloured people, Unberührbare, Homosexuelle usf. sind in diesem Sinne Menschen, was bekanntlich nicht so trivial ist, wie es tönt.

c) Damit ist auch evident, daß Menschenrechte grundsätzlich in allen Lebenssituationen anerkannt und durchgesetzt werden müssen – unter Umständen freilich mit gewissen, spezifischen Einschränkungen. Auch Soldaten, Strafgefangene, Beamte sind und bleiben Träger von Menschenrechten, auch wenn sie um des Zweckes der Anstalt willen, in die sie freiwillig oder unfreiwillig eingetreten sind, gewisse Einschränkungen hinnehmen müssen – auch die Anstaltszwecke müssen freilich dem Prinzip Menschenwürde verpflichtet sein. Auch vor den Toren der Kirchen dürfen die Menschenrechte nicht haltmachen. Und wenn Kirchen – mit Recht – den Kampf für Menschenrechte mit besonderer Intensität führen, so müssen sie mit besonderer Sorgfalt auch für deren Respektierung in den eigenen Mauern sorgen. Auch hier müssen sich die Kirchendiener unter Umständen um der spezifischen biblischen Zwecke der Kirchen willen gewisse Beschränkungen gefallen lassen – aber doch nicht mehr Beschränkungen als nötig. Ich sehe beispielsweise nicht ein, warum das »basic right« auf rechtliches Gehör (im englischen Recht bezeichnenderweise als Aspekt des »principle of natural justice« gewürdigt!) in kirchlichen Verfahren weniger gelten soll als in weltlichen. Die Kirchen müssen den Mut haben, diese ihre Probleme mit Offenheit und Entschiedenheit anzugeben.

d) Christliches Engagement muß sich auf alle jeweils aktuellen Aspekte des Menschenrechtsgedankens, auf alle in bestimmter geschichtlicher Situation wichtigen Konkretisierungen des Prinzips Menschenwürde erstrecken. Es hat in besonderer Weise die Zusammenhänge zwischen den verschiedenen Kategorien aufzuspüren und zu betonen. Es muß jede menschenrechtliche Parteilichkeit vermeiden. Das setzt voraus, daß es das Risiko der Unpopularität, das heißt des Widerspruchs gegen dominierende politische und gesellschaftliche Ansichten zu tragen bereit ist. Menschenrechtsschutz ist stets ein Stück Minderheitenschutz, das heißt Eintreten für Schwache, oder genauer: für Menschen, die ihre Grund-Bedürfnisse und Grund-Rechte nicht oder nicht mit hinreichender Kraft zur Geltung bringen können – zum Beispiel auch die künftigen Generationen!

5. Schlußbemerkungen

Das Evangelium verkündet in entschiedener, herausfordernder, eindeutiger Weise die göttliche Würde jedes Menschen: durch die Verkündigung seiner Gott-Ebenbildlichkeit und durch die Predigt von Jesu Christi Sterben und Auferstehen (durch die jene Ebenbildlichkeit wiederhergestellt wird). Den Christen und christlichen Kirchen ist damit in besonderer, wenn auch nicht exklusiver Weise aufgetragen, für die Anerkennung und Achtung dieser Menschenwürde zu streiten, und zwar in allen denkbaren menschlichen Lagen, in denen sie bedroht scheint, und mit allen geeigneten (und ihrerseits dem Prinzip Menschenwürde entsprechenden) Mitteln, vor allem auch durch Initiierung und Unterstützung geeigneter Rechts-Schöpfung.

Hierfür ist ökumenisches Vorgehen unerläßlich. Darüber hinaus sollte das Gespräch mit nicht-christlichen Religionen gesucht und eine intensive Zusammenarbeit versucht werden.

Eine Zusammenarbeit ist aber auch unter verschiedenen wissenschaftlichen und beruflichen Disziplinen zu suchen: Forschung über Menschenrechte sollte multidisziplinär angelegt werden (und Theologen, Juristen, Ökonomen, Psychologen, Soziologen vereinigen); und für die Menschenrechts-Praxis sollten die Kirchen mit allen anderen interessierten Gruppierungen und Personen kooperieren.

Christen und christliche Kirchen sollten so immer wieder deutlich machen, daß sie die Verantwortung für Menschenrechte nicht erfunden und nicht gepachtet haben, daß sie aber diese Verantwortung heute mit Entschiedenheit anerkennen und sie durch besondere Impulse und durch besonderes Engagement auch wahrnehmen wollen.

Carl E. Braaten

Auf dem Wege zu einer ökumenischen Theologie der Menschenrechte

Einführung: Das theologische Problem der Menschenrechte

Jürgen Moltmann hat die Kirchen dazu herausgefordert, auf eine wahrhaft ökumenische Theologie der Menschenrechte hinzuarbeiten.[1] Beim Verständnis der theologischen Grundlage der Menschenrechte bestehen zwischen der römisch-katholischen Kirche, den lutherischen und den reformierten Kirchen theologische Unterschiede. Daß wir in dieser Frage nicht von den gleichen Voraussetzungen ausgehen, ist ein theoretisches Problem, das ernsthafte praktische Auswirkungen hat. Im Februar 1980 hat der Nationalrat der Kirchen in den USA eine Grundsatzerklärung über Menschenrechte angenommen, die eine vierseitige theologische Grundlage enthält. Die Lutherische Kirche in Amerika (LKA) sprach sich gegen die Erklärung aus, weil die theologische Erklärung nicht ökumenisch genug sei. Der theologische Teil sei ausschließlich reformiert oder calvinistisch und gehe deshalb nicht ökumenisch über unsere verschiedenen Traditionen hinaus.

Das Fehlen einer klaren theologischen Grundlage der Menschenrechte ist nicht nur ein Problem zwischen unseren Kirchen, sondern auch innerhalb der Kirchen. Auf einer Reise nach Chile kam ich 1975 zwei Tage nach der dramatischen Spaltung der Evangelisch-Lutherischen Kirche in Chile in Santiago an. Die eine Gruppe mit Bischof

[1] Jürgen Moltmann, »Christlicher Glaube und Menschenrechte«.

Helmut Frenz und den meisten Pastoren hielt es für eine Aufgabe der Kirche, sich für Menschenrechte einzusetzen. Die andere, an deren Spitze einflußreiche Laien standen, berief sich auf Artikel 28 des Augsburger Bekenntnisses als Argument für die traditionelle Lehre von den Zwei Reichen, die angeblich vom Pastor verlangt, daß er das Evangelium predigt und die Politik der Regierung überläßt. Im Gegensatz hierzu würden der Bischof und seine Pastoren jedoch gegen Verletzungen der Menschenrechte durch die Regierung protestieren, politischen Flüchtlingen helfen und Verwandten von Verschwundenen Unterstützung leisten. Sie mißachteten damit angeblich die Lehre von den Zwei Reichen und brächten die Botschaft der Kirche mit der Frage der Menschenrechte durcheinander.

Für Lutheraner ist das kein neues Problem. Im 19. Jahrhundert entstand im Luthertum ein strenger Dualismus von zwei getrennten Bereichen; der eine hatte mit diesem irdischen Leben, mit Politik und so weiter und der andere mit dem ewigen Leben und allem zu tun, was zum Heil gehörte. Der lutherische Dogmatiker Christian Ernst Luthardt schrieb zum Beispiel: »Das Evangelium hat es zunächst mit dem äußeren Leben gar nicht zu thun, sondern mit dem ewigen Leben ... Daraus folgt, daß es nicht der Beruf Jesu Christi oder des Evangeliums ist, die Ordnungen des weltlichen Lebens zu ändern und aufzurichten ... Das Christentum will sein (d. h. des Menschen) Herz ändern, aber nicht seinen äußeren Stand.«[2] In ähnlicher Weise schrieb Rudolf Sohm, daß Fragen des öffentlichen Lebens »von der Verkündigung des Evangeliums

[2] Two Kingdoms and One World, A Sourcebook in Christian Social Ethics (Zwei Reiche und eine Welt, ein Quellenbuch für christliche Sozialethik), herausgegeben von Karl A. Hertz (Minneapolis, Augsburg, Publishing House, 1976), S. 84.

unberührt bleiben sollen, vollständig unberührt«.[3] Diese dualistische Sicht hat auch die Theologie der lutherischen Immigranten in den Vereinigten Staaten stark beeinflußt, was die typische lutherische Gewohnheit erklärt, in Zwei Reichen zu denken, wobei das Wort und die Sakramente dem einen, das öffentliche Leben und die Menschenrechte dem anderen zugeteilt werden.

Diese Trennung des Lebens in zwei Bereiche – den öffentlichen und den privaten – hat sich im 20. Jahrhundert als verhängnisvoll erwiesen. Die Zwei-Reiche-Lehre erfährt eine gewisse dualistische Interpretation, die die Handlungsfähigkeit der Kirche in der Frage der Menschenrechte völlig lähmt. Was haben Menschrechte mit einem Evangelium zu tun, das sich nur mit der Innerlichkeit des Glaubenslebens und der Hoffnung auf ein Leben nach dem Tode befaßt? Ist es übertrieben, von dieser ungeheueren Verzerrung von Luthers Zwei-Reiche-Lehre als von einer »lutherischen Härasie« zu sprechen, die in der Neuzeit für die Integrität des Evangeliums eine ebensolche Bedrohung darstellt wie der Gnostizismus oder Arianismus in der frühen Kirche? Lutherische Verfechter der Zwei-Reiche-Lehre behaupteten nach der Machtergreifung Hitlers: »Eine vorbehaltlose Stellung zum Evangelium einerseits und eine ebenso vorbehaltlose Stellung zum deutschen Volkstum andererseits (= nationalsozialistischer Staat) birgt keinen Gegensatz in sich.«[4] Karl Barth widersprach dem in Gegenthesen und erklärte, wer von zwei »vorbehaltlosen« Stellungen rede, stelle sich außerhalb der evangelischen Kirche.[5] Eine solche Person ist mithin ein Häretiker.

[3] A.a.O., S. 87.
[4] Zitiert aus den »Rengsdorfer Thesen«, in Two Kingdoms and One World, S. 184.
[5] A.a.O., S. 185.

Mit diesem Problem haben jedoch nicht nur deutsche Lutheraner zu ringen. Das gleiche läßt sich heute bei Lutheranern in Chile, Südafrika und Nordamerika beobachten. So hat die lutherische Kirchenführung aller drei Synoden zu Amerikas Krieg in Vietnam geschwiegen. Ein Bischof schrieb seinen Pastoren: »Äußern Sie sich nicht zu umstrittenen Fragen.« Man hatte Angst davor, die Gemeinden mit diesem Krieg zu konfrontieren. Dabei ging man eindeutig von der Hypothese aus, daß es Aufgabe der Kirche sei, das Evangelium zu predigen, die Sakramente zu verwalten und gequälte Seelen zu betreuen; für das staatliche Leben, Außenpolitik und Bürgerrechte sei die Regierung zuständig. Hier läßt sich der Ausspruch eines bekannten lutherischen Theologen zitieren: „Jedermann gehört einem weltlichen Reich und einem spirituellen Reich an. Es ist wichtig, den Unterschied zwischen diesen beiden Reichen zu erkennen und sie voneinander zu trennen. Luther behauptete, Jesus habe die Trennung der beiden Reiche unterstrichen, als er sagte: ›So gebet dem Kaiser, was des Kaisers ist, und Gott, was Gottes ist.‹ (Mt 22,21). Luther hat selbst häufig auf den Unterschied zwischen den beiden Reichen hingewiesen und wiederholt erklärt, daß sie deutlich voneinander getrennt werden müßten.«[6] Diese Worte können leicht ideologisch mißbraucht werden. Eine derartige Lehre dürfte Christen wohl kaum dazu motivieren, sich an vorderster Front für Frieden und Gerechtigkeit und die Menschenrechte aller Menschen einzusetzen.

Die Geschichte von der Verstrickung der Theologie in die Verletzung grundlegender Menschenrechte endet

[6] George W. Forell, »Luther's Conception of ›Natural Orders‹« (Luthers Vorstellungen von natürlichen Ordnungen), Lutheran Church Quarterly, 18 (1945), S. 166.

nicht bei der lutherischen Zwei-Reiche-Lehre. Eine besonders notorische Verweigerung von Menschenrechten geschieht in Südafrika mit Unterstützung der burischen Version calvinistischer Exodustheologie. Der Gott des Bundes hat sich ein neues Volk auserwählt, die Auserwählten sind diesmal nicht das biblische Israel, sondern Calvinisten. Die Geschichte Israels wiederholt sich im Kampf der Buren um ihre Freiheit gegen ihre britischen Unterdrücker. Der südafrikanische Soziologe T. Dunbar Moodie hat den theologischen Grundzug der Geschichte seines Landes unterstrichen: »Der Glaube des Buren ist christlich und calvinistisch; ein aktiver, allmächtiger Gott, der die Auserwählten beruft, der verheißt und straft, der im Laufe der Geschichte aus Tod Leben hervorbringt.«[7] Apartheid als politisches Konzept ist scheinbar gerechtfertigt, wenn man die Unterwerfung der Kanaanäer durch Israel als Vorbild nimmt für den Aufbruch der Buren in ein neues, von Heiden bevölkertes, gelobtes Land. Hier haben wir es mit dem völligen Gegenteil der Zweireichelehre zu tun, einer biblizistischen Bundestheologie mit einer Koinonia-Ethik, die keine Grundlage für allgemeine Menschenrechte liefert, nach denen Kanaanäer die gleichen Rechte wie Juden und Heiden, die gleichen Rechte wie Christen haben.

In Lateinamerika, einem überwiegend römisch-katholischen Kontinent, werden Menschenrechte sehr häufig verletzt. Die Befreiungstheologie stellt gegenwärtig das traditionelle Natur-Gnadenschema in Frage, das das ideologische Fundament für die Art von Partnerschaft liefert, die zwischen der Kirche und den herrschenden Minderheiten bestanden hat.

[7] Dunbar Moodie, The Rise of Afrikanerdom (Der Aufstieg des Burentums) (Berkeley University of California Press, 1975), S. ix.

Dies sind nur einige Beispiele dafür, wie unsere jeweiligen theologischen Traditionen – lutherische, reformierte und römisch-katholische – mit gesellschaftlichen Systemen verbunden sind, denen jede Sensibilität für die allgemeinen Menschenrechte abgeht. In diesem Aufsatz sollen die theologischen Grundlagen der Menschenrechte aus ökumenischer Sicht herausgearbeitet werden, wobei wir die Grenzen einer jeden Tradition nicht nur repristinieren, sondern überschreiten und gemeinsame Grundlagen finden wollen.

I. Das ökumenische Dreieck

Ausgangspunkt unseres Beitrages über die theologischen Grundlagen der Menschenrechte muß eine ausführlichere Kritik unseres „»ökumenischen Dreiecks« sein, auf das Moltmann kurz in seinem Vortrag »Christlicher Glaube und Menschenrechte« einging. Moltmann zufolge sind die Menschenrechte nach reformierter Sicht in der Imago Dei gegründet, wie es in der Gemeinde des Bundes in Einklang mit der Tradition der Theologie des Bundes bezeugt wird. Der Nachteil dieser Theorie besteht darin, daß ein Glaube vorausgesetzt wird, was nur für Christen annehmbar ist. Dieser Nachteil ist jedoch gleichzeitig auch ein Vorteil, denn gerade weil diese Auffassung Christen anspricht, kann sie diese zu einem Engagement für Menschenrechte motivieren und aktivieren.

Moltmann weist bei seiner Charakterisierung der Zwei-Reiche-Lehre unter anderem auf neuere Publikationen des Lutherischen Weltbundes über Menschenrechte hin, denen zufolge Menschenrechte weltliche Phänomene sind, die Christen mit allen anderen Menschen aufgrund ihres gemeinsamen Menschseins teilen. Es gibt keine spezifisch christliche Grundlage der Menschenrechte; an Grundlage und Inhalt der Menschenrechte muß man mit dem Verstand und nicht mit dem Glauben herangehen. Diese lutherischen Autoren (Moltmann zitiert insbesondere Tödt und Huber) versuchen jedoch offensichtlich, ein einfaches Nebeneinander von christlichem Glauben und Menschenrechten zu überwinden.

Menschenrechte bleiben zwar weltliche Dinge, weisen jedoch über sich hinaus auf die Verheißungen des Evangeliums. Moltmann stellt schließlich auch eine Annäherung der Standpunkte von Reformierten und Lutheranern fest. Die reformierte Sicht geht von oben aus, von Gottes Anspruch auf den Menschen, und von innen, von der Mitte der Bundesgemeinde, und gründet die Rechte aller Menschen dann auf diese spezifisch christliche theologische Sicht, wobei es keine Rolle spielt, ob Nichtchristen diese Sicht teilen können oder nicht. Die lutherische Sicht geht von unten aus, von der gemeinsamen Erfahrung des Menschseins, und von außen, vom weltlichen Reich außerhalb des theologischen Bereiches, und stößt auf Entsprechungen zwischen den Grundelementen der Menschenrechte und den Kerninhalten des christlichen Glaubens. Dabei bleibt jedoch die Frage zu lösen, wie das Besondere des christlichen Glaubens am besten zur Universalität der Menschenrechte in Beziehung gesetzt werden kann.

Moltmann meint, daß die römisch-katholische Kirche bei ihren offiziellen Erklärungen immer noch auf das thomistische Schema von Natur und Gnade zurückgreift. Danach beruht unser Wissen von den Menschenrechten auf dem Naturrecht. Der Verstand ist in der Lage, die Grundrechte, die der allgemeinen menschlichen Natur innewohnen, zu begreifen und zu formulieren. Die Naturrechtslehre kann leicht Universalität beanspruchen. Die Natur wird durch die Gnade ergänzt, welche die Bestimmung des Menschen im Lichte des Evangeliums erfüllt: *Gratia non tollit sed perfecit naturam.* Diese Sicht gründet die Universalität der Menschenrechte auf Natur, Vernunft, Gerechtigkeit und ein allen Menschen gemeinsames Gesetz. Die römisch-katholische Vorstellung eines in der gesamten Menschheit gegenwärtigen Naturrechts könnte man darin bestätigt finden, daß über hundert Länder die Allgemeine Erklärung der Menschenrechte annehmen können, ohne daß darin von Bibel, Christus oder Evangelium gesprochen wird.

Soweit gehen Moltmanns Überlegungen zum ökumenischen Dreieck, wobei bedeutende theologische Unterschiede und ungelöste Fragen aufgezeigt werden.

II. Die Natur des Rechts

Alle drei Traditionen müssen bei der Formulierung und Verwirklichung der Menschenrechte auf das Gesetz zurückgreifen, wie unterschiedlich ihr Ausgangspunkt auch sein mag, sei er Gesetz vor Evangelium (die lutherische Sicht), Bund vor Gesetz (die reformierte Sicht) oder Naturrecht vor übernatürlicher Gnade (die römisch-katholische Sicht). Alle drei stehen der gleichen säkularisierten Kultur gegenüber, in der sich sowohl Theorie als auch Herrschaft des Gesetzes in einer tiefen Krise befinden. Die positivistische Rechtstheorie bereitete dem Mißbrauch des Gesetzes durch den totalitären Staat den Weg, der es dann zur reinen Funktion seiner Machtausübung heruntermanipulierte.[8] Bevor der Positivismus triumphierte, galt das Gesetz als ein vom Staat verwaltetes Mittel zur Gerechtigkeit, nicht als Werkzeug willkürlicher Macht. Nach dem Zusammenbruch der theologischen und/oder methaphysischen Grundlagen der Gerechtigkeit gab es keine andere Grundlage, keine andere Quelle, kein anderes Kriterium für die Gültigkeit des Gesetzes mehr als den Willen derer, die das Gewaltmonopol in ihren Händen hielten.

Im 20. Jahrhundert haben wir die unvergeßlichen Schrecken der »Gesetzlosigkeit des Gesetzes« erlebt. Der Rechtspositivismus ist entlarvt worden und hat den traditionellen Anspruch verloren, transzendente Normen der Gerechtigkeit über das positive Recht hinaus zu schaffen. Der Positivismus kann über die Frage »Was besagt das Gesetz?« nicht hinausgelangen zu der Frage »Was *sollte* das Gesetz besagen?« Zufolge der positivistischen Theorie wird die Gerechtigkeit durch das bestimmt, was das Gesetz besagt, und nicht das Gesetz durch das, was die Gerechtigkeit erfordert. Bei einer solchen Lehre werden Richter zu ohnmächtigen Handlangern der Herrschenden. Die vom Staat gegen seine Bürger begangenen Schandtaten können dadurch legalisiert werden, denn das Gesetz wird zum Sklaven des Staates und nicht zum Diener der Gerechtigkeit, der auch die Autorität des Staates unterworfen ist.

Die Furcht vor dem Fehlen jeglicher Normen und dessen nihilistischen Auswirkungen im Bereich der Menschenrechte haben zu einer Wiederbelebung des Interesses

[8] Über Ursprung, Wesen und Folgen des Rechtspositivismus siehe John C. Bennett, Christians and the State (Christen und der Staat), Kapitel VIII, »The Law of the State and the State under Law« (Das Gesetz des Staates und der Staat unter dem Gesetz) (New York: Charles Scribner's Sons, 1958); Anders Nygren, Christianity and Law (Christentum und Gesetz), dialog, Bd. I, Nr. 4 (Herbst 1962).

am klassischen Begriff des Naturrechts geführt.[9] Die Erfahrungen haben auch die Kirchen aufgerüttelt, ihre Verantwortung für rechtsstaatliches Vorgehen in der Gesellschaft wahrzunehmen. Trotz aller Konferenzen und Positionspapiere ist jedoch keine Übereinstimmung über die theologische Grundlage des Rechts zustande gekommen. Viele Fragen bleiben ungelöst. Wie soll sich die Theologie zum Rechtspositivismus verhalten? Sind christliche Ethik und Naturrecht antithetisch oder komplementär? Gibt es ein christliches Naturrecht? Soll die christliche Auslegung des Gesetzes auf dem ersten Artikel des Glaubensbekenntnisses gegründet sein wie bei den Erlanger Theologen mit ihrer Lehre der Schöpfungsordnungen (auch beim Schweden Wingren)? Oder ist sie von der Christologie abzuleiten, wie Karl Barth meinte? Oder gibt es eine andere Möglichkeit, Ursprung und Aufgabe des Gesetzes zu verstehen, bei der die größten Schwächen der katholischen Naturrechtslehre, der lutherischen Lehre von den Schöpfungsordnungen oder der Barthschen christologischen Ethik überwunden und dennoch die in ihnen allen enthaltenen Grundelemente von Wahrheit und Relevanz beibehalten werden? Für eine ökumenische Theologie der Menschenrechte benötigen wir eine umfassende Synthese. Zunächst einmal schließen die verschiedenen Theorien einander nicht in jeder Hinsicht aus. Sodann hat jede Tradition ihre Sicht als Reaktion auf eine besondere geschichtliche Situation entwickelt, und schließlich macht jede auf etwas aufmerksam, was den anderen fehlt.

[9] Versuche, dem Begriff des Naturrechts wieder Geltung zu verschaffen, beschränken sich nicht auf römisch-katholische Theologen. Siehe Natural Law and Modern Society (Naturrecht und die moderne Gesellschaft), herausgegeben von John Cogley, Robert M. Hutchins et al. (New York: The World Publishing Company, 1962). Siehe auch die Artikel von Heinz-Horst Schrey, »Die Wiedergeburt des Naturrechts«, Theologische Rundschau, 19. Jahrgang (1951), Heft 1–3.

Für römische Katholiken und Lutheraner steht das Gesetz als universal existierende Struktur gemeinsamer menschlicher Erfahrungen im Vordergrund. Die Naturrechtslehre gewinnt daraus bleibende Anziehungskraft, daß sie von einer universalen Gerechtigkeit und einem universalen Sittengesetz spricht, die alle Menschen mittels ihres Verstandes und ihres Gewissens erfassen können. Das Naturrecht verkündete klare und unzweideutige sittliche Grundsätze, die in einer universalen menschlichen Natur verwurzelt sind. Diese Lehre geriet jedoch in Mißkredit, als der Mensch ein Geschichtsbewußtsein zu entwickeln begann. Man wurde skeptisch gegenüber der Vorstellung einer unveränderlichen Ordnung sittlicher Normen, die die Relativität von Zeit und Raum transzendiert. Der Rechtspositivismus war die logische Folge des Geschichtsrelativismus. Das Naturrecht wurde wie die natürliche Theologie theologisch scharf kritisiert. Protestantische Theologen wiesen – ausgehend von Karl Barth – darauf hin, daß das Naturrecht die unbiblische Sicht einer statischen Welt teile, die eine deistische Sicht der Beziehungen zwischen Gott und der Schöpfung voraussetzte und die Auswirkungen der Sünde auf Vernunft und Willen des Menschen nicht ernst nehme. Darüber hinaus hatte die christliche Theologie die Naturrechtstheorie von den griechischen und römischen Philosophen übernommen, die eher einem metaphysischen Bild von der Welt als Natur als dem biblischen Bild von der Welt als Geschichte entsprach. Gibt es wirklich universale Naturgesetze, die in die Struktur der Dinge eingebaut sind? Wenn dem so ist, läßt sich schwer ersehen, wie sie mit der Dynamik der Geschichte als Reich der Absichten, mit freien Entscheidungen, neuartigen Situationen und einzigartigen Ereignisse verzahnt werden können. Es muß ein Naturrecht neuen Stils ersonnen werden, welches das neue Verständnis geschichtlicher Ereignisse und den biblischen eschatologischen Horizont des Reiches Gottes berücksichtigt, wenn es den Ansprüchen der modernen Welt und dem christlichen Glauben Genüge tun will. Diese Verlagerung von der Statik der traditionellen Metaphysik zur Dynamik der Geschichte, die sich auf eine eschatologische Zukunft Gottes hin öffnet, kann uns über unsere konfessionellen Besonderheiten hinaus zu einem gemeinsamen ökumenischen Bezugsrahmen führen.

Die lutherische Theologie der Schöpfungsordnungen[10] war ein Versuch, den latenten Deismus der Naturrechtslehre dadurch zu überwinden, daß das Gesetz von Gott dem Schöpfer abgeleitet wurde, daher heißt es nicht lex naturae, sondern lex creationis! Gleichzeitig teilte diese lutherische Theologie jedoch auch das Bestreben des Naturrechts, eine gemeinsame Grundlage zu finden, auf der Christen und Nichtchristen bei der Verwirklichung von Menschenrechten zusammenwirken können. Eine solche Grundlage bestünde unabhängig von spezifisch christlichen Überzeugungen, die sich aus der besonderen Offenbarung Gottes in Jesus Christus ableiten. Menschen existieren innerhalb bestimmter Schöpfungsordnungen wie Ehe, Familie, Staat usw. Ebenso wie die Naturrechtslehre wurde jedoch auch die Vorstellung von Schöpfungsordnungen wegen ihres ungeschichtlichen Charakters kritisiert. Deshalb konnte Wolfhart Pannenberg fragen: »Aber gibt es denn Ordnungen, die allen geschichtlich gewachsenen Gesellschaftsformen gleichmäßig zugrunde liegen und von den geschichtlichen Gestaltungen nur zu

10 Eine klassische Erläuterung dieser Theorie findet sich bei Paul Althaus, Theologie der Ordnungen (Gütersloh 1935). Siehe auch Werner Elert, Das christliche Ethos (Furche-Verlag, Tübingen, 1949).

variieren wären? Ist nicht jede konkrete Gesellschaftsform durch und durch geschichtlich geprägt?«[11] Geschichtsforschung und Kulturanthropologie lassen uns deutlicher erkennen, wie die Theologie häufig der Versuchung erlegen ist, letzte Rechtfertigung für eine besondere ideologische Verabsolutierung recht vergänglicher Lebensformationen zu liefern. Es kam zu einem gewissen Fluß, als einige lutherische Theologen einen Unterschied zwischen Schöpfungsordnungen und Erhaltungsordnungen machten. Diese Frage geht auch die der Menschenrechte an, da Dinge wie Klasse und Rasse auf Schöpfungsordnungen zurückgeführt worden sind und von daher vermutlich vom Schöpfer auf ewig so gewollt sind. Die christliche Theologie hat es manchmal versäumt, für die universalen Menschenrechte einzutreten, weil sie bestimmte historische Formen mit dem ewigen Willen Gottes gleichgesetzt hat. Viele Kirchenleute haben den demokratischen Revolutionen der neueren Zeit mit dem Argument des Gottesgnadentums ihre Unterstützung versagt.

Karl Barth hat zu Recht die Vorstellung von Schöpfungsordnungen als einen von der Offenbarung Gottes in Jesus Christus völlig losgelösten autonomen Topos der Theologie kritisiert. Unser christliches Verständnis von Gerechtigkeit muß zum Evangelium der Rechtfertigung in Beziehung stehen.[12] Daß es in der Theologie der Schöpfungsordnungen kein christologisches Zentrum und Kriterium gibt, wurde zu Recht zum Ausgangspunkt der Barthschen Kritik an der lutherischen Sozialethik.

11 Wolfhart Pannenberg, »Zur Theologie des Rechts«, Zeitschrift für Evangelische Ethik, Jahrgang 7, Heft 1 (Januar 1963), S. 3–4.

12 Die wichtigsten Schriften von Karl Barth zu diesem Thema sind: »Evangelium und Gesetz«, Theologische Existenz Heute, Heft 32 (München, 1935); »Rechtfertigung und Recht«, Theologische Studien, Heft 1 (Zollikon-Zürich, 1938); »Christengemeinde und Bürgergemeinde«, Theologische Studien, Heft 20 (Zollikon-Zürich, 1946).

Für Karl Barth geht es in erster Linie um das Bekenntnis der universalen Herrschaft Christi. Nicht nur die Kirche, sondern auch der Staat steht unter der Herrschaft Christi. Das klingt wie eine unanfechtbare Glaubensformel. Was bedeutet es jedoch in der Praxis, die Herrschaft Christi im Bereich von Regierung, Gesetz, Industrie, Arbeitsbeziehungen, Sport und in allen Bereichen, in denen es um Menschenrechte geht, zu bekräftigen? Barth ist sehr daran gelegen, die versteckte »natürliche Theologie« in der deutschen lutherischen Staatslehre zu überwinden, daß er manchmal den Staat direkt aus der Christologie ableitet. Besonders problematisch wird es, wenn er darauf besteht, daß konkrete Normen der Christengemeinde auf die Bürgergemeinde Anwendung finden können.[13] Dieser Ansatz stellt jedoch nicht in Rechnung, daß es auch ohne epistemologische Verbindung mit dem Bekenntnis zu Christus einen internationalen Konsensus über Menschenrechte gibt.

Die Theologie sieht vielleicht einen versteckten Zusammenhang zwischen Christologie und Menschenrechten in der Seinsordnung (ordo essendi), aber nicht so direkt in der Erkenntnisordnung (ordo cognoscendi). Man könnte sogar argumentieren, daß der gegenwärtige Konsensus über die Menschenrechte weitgehend durch die historische Vermittlung des christlichen Bewußtseins erreicht worden ist, auch wenn im Westen alle Spuren dieser historischen Verbindung zum christlichen Glauben durch

[13] Emil Brunner kritisiert Barths Anwendung des Analogieprinzips. Er schrieb: »Per analogiam leitet nun Barth aus der Christengemeinde die Normen für die Bürgergemeinde ab, merkt aber offenbar nicht, daß man aus demselben Prinzip der Analogie alles und nichts ableiten kann: Die Monarchie ebensogut wie die Republik (Christus König) den Totalstaat ebensogut wie einen Staat mit bürgerlichen Freiheiten (Christus Herrscher in allem, der Mensch ein Knecht, ja ein Sklave Jesu Christi.« Die christliche Lehre von Schöpfung und Erlösung, Dogmatik Band II, Zwingli-Verlag Zürich, 1950), S. 374.

die Aufklärung und den Säkularisierungsprozeß verwüstet worden sind.

Den Lutheranern ist es stets darum gegangen, zwischen Gesetz und Evangelium als den beiden Formen göttlichen Handelns in der Welt deutlich zu unterscheiden. Die Zwei-Reiche-Lehre ist eine Bekundung dieser Unterscheidung. Das bedeutet, daß Menschenrechte von Christen und Nichtchristen gemeinsam ohne Bezug auf das Evangelium als ihre Voraussetzung formuliert und verwirklicht werden können. Barth ging es darum, daß Evangelium und Gesetz schließlich unter dem einen Herrn vereinigt werden, damit kein Lebensbereich außerhalb seiner Herrschaft bleiben und der Christ keinen Widersacher seiner Herrschaft anerkennen kann. Diese beiden Aspekte sind nicht unvereinbar. Im Lichte der Offenbarung Gottes in Jesus Christus besitzen Christen eine neue Grundlage für ein Verständnis der Gegebenheiten von Regierung und Gesetz. Diese Gegebenheiten wurden jedoch von Gott vor der Inkarnation Jesu Christi geschaffen und lassen sich zumindest teilweise von denen verstehen und verwalten, die die Herrschaft Christi nicht anerkennen. Eine solche These läßt sich aufrechterhalten, wenn man beweisen kann, daß das politische Handeln des lebendigen Gottes in der Welt nicht durch unser Wissen von der historischen Offenbarung in Jesus Christus eingeschränkt ist. Gott offenbart sich durch Schöpfung und Gesetz. Das bedeutet nicht, daß Christologie erneut vom Zentrum entfernt wird. Im Neuen Testament gibt es eine »kosmische Christologie«, die zum Ausdruck bringt, daß der Christus, welcher der fleischgewordene Jesus ist, auch Werkzeug der Schöpfung und Erfüllung des Gesetzes ist. Christologie läßt sich nicht auf das Getto der Soteriologie beschränken. Deshalb muß die Bedeutung des Gesetzes auch aus einer christologischen Sicht entfaltet werden, aber nicht so, daß Christen behaupten, aus der Christologie spezifische soziale Prinzipien ableiten zu können. Es gibt keine spezifisch christlichen »Bürgerrechtserklärungen«.

III. Die Aufgabe des Gesetzes

Wir haben erklärt, daß das Gesetz der gemeinsame Nenner für eine ökumenische Theologie der Menschenrechte ist. Das bedeutet, daß die menschliche Kenntnis der Inhalte des Gesetzes nicht vom Glauben an das Evangelium abhängt, auch wenn Evangelium und Gesetz eng miteinander verbunden sind. Das *muß so sein*, ob wir nun mit den Lutheranern die Formel »Gesetz vor Evangelium« oder mit den Barthianern die Formel »Evangelium vor Gesetz« vorziehen. Alles hängt von unserem Blickwinkel ab. Wenn wir uns auf die Ereignisse in der biblischen Geschichte des Bundes beschränken, läßt sich argumentieren, daß Jahwe das Volk Israel auserwählt hat, bevor das Gesetz zur Ordnung des Lebens in der Gemeinschaft gegeben wurde. Die Verheißung des Evangeliums geht somit dem Gesetz des Bundes voraus. Andererseits jedoch hat Israel selbst eine Präambel zu seiner eigenen Geschichte des Bundes verfaßt (1. Mose 1–11), in der die ganze Menschheit einbezogen ist und in der Adam vor Abraham und Noah vor Moses kommt. Der lebendige Gott hat bei allen Völkern der Erde gewirkt, bevor er Israel auserwählte, und Gott handelt heute im Bereich der internationalen Beziehungen, ohne daß eine direkte Verbindung mit der Predigt seines Wortes besteht. Das Instrument seines Handelns ist das Gesetz, und vor diesem Gesetz stehen alle Menschen, Gemeinschaften und Völker in ihrer tatsächlichen empirischen Existenz; es schafft trotz der zerstörerischen Folgen der Sünde ein Maß an Ordnung.

Das Wissen um Gott ist keine Voraussetzung für die Anerkennung grundlegender Menschenrechte und menschlicher Bedürfnisse. Atheisten und Agnostiker und Humanisten kennen das Gesetz Gottes, ohne an den Gott des Gesetzes zu glauben. Christen bekennen, daß Gott durch das in der Welt geltende Gesetz handelt, ob die Menschen den Namen Gottes bekennen oder nicht. Die Ordnung des göttlichen Handelns entspricht nicht der Ordnung des menschlichen Wissens. Gott tut seinen politischen Willen durch politische Führungskräfte und Institutionen, ob diese sich dessen bewußt sind oder nicht. Es gibt keinen Lebensbereich, in dem Gott nicht durch das Gesetz wirkt, um die grundlegende Würde des Menschen zu gewährleisten und zu fördern. Gott wirkt durch das Gesetz menschlicher Existenz, das heißt durch das wesentliche Menschsein des Menschen (die Imago Dei), das im konkreten Leben gegenwärtig zu werden sich bemüht. Diese Herrschaft des Gesetzes durch die tatsächlichen Erfordernisse der konkreten Existenz ist nicht mit den Gesetzen der Bibel gleichzusetzen. Die christliche Theologie hat zu Recht erkannt, daß die zweite Tafel des Dekalogs eine rudimentäre Kenntnis des Gesetzes zusammenfaßt, das im menschlichen Leben universal Gültigkeit besitzt und das der Mensch unabhängig von der biblischen Geschichte und Offenbarung kennen kann. Daß eine solche Zusammenfassung möglich ist, weist schon darauf hin, daß es in der Geschichte von Gottes Wirken in der menschlichen Gesellschaft und in den Beziehungen der Menschen in der menschlichen Gemeinschaft ein konstantes Element gibt. In der Naturrechtstheorie wird behauptet, daß es innerhalb der Variablen bestimmte Konstanten gibt; diese werden jedoch mit einer abstrakten Lehre von menschlicher Natur und Vernunft erklärt und nicht als ständiger Einfluß des lebendigen Gottes durch die konkreten Forderungen, die unausweichlich an alle Menschen gestellt werden. Mit Luthers Worten ist dies das Werk von Gottes linker Hand.

Wenn wir das Gesetz Gottes als treibende Kraft hinter den Rechten sehen, die die Menschen voneinander fordern, sollten wir die spezifischen Inhalte dieser Forderungen zu keiner Zeit mit einer »ewigen Liste von Rechten« gleichsetzen, die Gott über und jenseits der Geschichte aufgestellt hat. Es erhebt sich die Frage: Welches Kriterium gibt es für die gerechten Forderungen des Gesetzes zu einem bestimmten Zeitpunkt? Was ist Recht? Die Antwort lautet: Wir besitzen den kritischen Standpunkt im Ideal der Gerechtigkeit. Wie kann das Ideal der Gerechtigkeit aber als Prüfstein dessen gelten, was die Menschenrechte ausmacht? Kernstück der Gerechtigkeit ist Fürsorge für den Nächsten. Gerechtigkeit ist die Bekundung von Liebe im Leben der Gesellschaft. Die Summe des Gesetzes ist: Du sollst deinen Nächsten lieben wie dich selbst. Wenn du deinen Nächsten liebst, sorgst du für ihn, das heißt du kümmerst dich um seine Grundrechte.

Im traditionellen Sprachgebrauch bedeutet dies: das Gesetz verlangt im politischen oder staatsbürgerlichen Bereich von mir, daß ich meinem bedürftigen Nächsten diene, ob ich nun will oder nicht. Dem Gesetz kann man nicht entrinnen; wo immer ich gehe, treffe ich auf Nächste, deren Rechte ich irgendwie anerkennen muß. Das Gesetz drängt mich, das zu tun, was meinem Nächsten nutzt, ohne daß meine Gefühle für diesen Menschen dabei eine Rolle spielen. Das Gesetz ist universal, weil es von allen Bürgern verlangt, anderen zu geben, was ihnen gebührt; andernfalls können wir bestraft werden. Wer sich von reiner Liebe für seinen Nächsten leiten läßt, befriedigt dessen Bedürfnisse und anerkennt seine Rechte am besten. Liebe ist jedoch nicht das universale Motiv für die gesellschaftliche Forderung nach der Gewährung von Menschenrechten für alle Menschen. Die Menschen handeln aus Angst, wenn die Macht des Gesetzes hinter ihnen steht und Strafen drohen. Das Gesetz ist die gemeinsame Basis der Menschenrechte in einer sündigen Welt.

IV. Die Zwei-Reiche-Lehre

In einem ökumenischen Zeitalter muß die lutherische Theologie bei der Auslegung ihrer traditionellen Zwei-Reiche-Lehre vorsichtig sein. Bietet diese Lehre einen angemessenen Rahmen, um die richtigen Unterscheidungen zwischen Gesetz und Evangelium, Gerechtigkeit und Liebe, Regierung und Gnade, den auf Erden verwirklichten Rechten des Menschen und der vom Himmel offenbarten Gerechtigkeit Gottes zu treffen? Welches nicht mehr reduzierbare Minimum an Wahrheit steckt in der Zwei-Reiche-Lehre? Aufgrund neuerer Lutherforschungen brauchen Lutheraner nicht mehr ohne weiteres anzunehmen, daß ihre Zwei-Reiche-Lehre einfach auf Luther selbst zurückgeht. Der ehemalige Direktor der Studienabteilung des Lutherischen Weltbundes, Ulrich Duchrow, hat entscheidend dazu beigetragen, ein völlig anderes Bild von Luther zu zeichnen, bei dem die Verzerrungen, die sich in das moderne Luthertum eingeschlichen haben, sehr deutlich werden. Luther selbst hat niemals eine systematische Abhandlung über die »Lehre von den Zwei Reichen«

geschrieben. Die Elemente einer komplexen und höchst differenzierten Lehre von den Zwei Reichen lassen sich jedoch in seinen Predigten und Schriften finden. Woran muß bei dieser Lehre unbedingt festgehalten werden? Doch wohl nur an dem, was zum wesentlichen Bestandteil des Evangeliums gehört, nicht daran, was aufgrund der spezifischen sozialen und politischen Situation des 16. Jahrhunderts formuliert wurde und nicht als ewig gültig zu betrachten ist.

Zwei Reiche stehen einander gegenüber: das Reich Gottes und das Reich des Satans. Natürlich hat eine Theologie ohne Satan (wie Wingren von Barths Theologie sagt) einige Schwierigkeiten mit dieser Form von Dualismus. Es handelt sich nicht um einen »Gott-ist-im-Himmel« und »Der-Mensch-ist-auf-der-Erde«-Dualismus, wie Barth dies in seinen frühen Jahren ausdrückte. Das Evangelium von Jesus als Christus sieht in der ganzen Schöpfung die Macht Gottes gegen die Mächte des Bösen am Werk; Jesus Christus bringt die Macht von Gottes Herrschaft in die Geschichte, stellt sich den dämonischen Kräften entgegen und erringt einen Sieg, der schließlich Freiheit für die Menschen bedeutet.

Diese Antithese zwischen Gott und Satan ist bei Luther eine Art von Dualismus, auf die wir nicht verzichten können, wenn wir nicht sein ganzes Lehrgebäude zerstören wollen. Es gibt jedoch noch einen anderen und ebenso wichtigen Dualismus: den zwischen zwei gegensätzlichen Formen göttlichen Handelns in der Welt und durch die Welt. Wir können es nicht zulassen, daß die Sprache des Glaubens auf eine einzige Dimension reduziert wird, wenn wir Gottes Beziehung zur Welt in Symbolen beschreiben. Luther sprach von den »zwei Händen Gottes«. Die Formulierung »linke Hand Gottes« bedeutet, daß

Gott im menschlichen Leben auf der ganzen Welt durch Strukturen und Prinzipien wirkt, die gemeinhin in politischen, wirtschaftlichen und kulturellen Einrichtungen zum Tragen kommen und das Leben aller Menschen angehen. Der Kampf um Menschenrechte erfolgt innerhalb dieses Reiches göttlichen Handelns. Wieviel Frieden, Gerechtigkeit und Freiheit diese gemeinsamen Strukturen des Lebens jedoch auch bringen mögen, so vermitteln sie doch nicht »das eine, das not ist«. Das ist Aufgabe des Evangeliums Gottes in Jesus Christus, das Wirken der »rechten Hand Gottes«. Das Ärgernis des Evangeliums besteht darin, daß das Heil eine reine Gnadengabe ist, die Gott uns um Christi willen frei gewährt und die wir allein durch den Glauben empfangen. Es ist zu begrüßen, wenn eine Gesellschaft allen ihren Bürgern grundlegende Menschenrechte gewährt und gewährleistet, aber das bedeutet noch keine Gerechtigkeit, die vor Gott in einem absoluten Sinne zählt.

Der christliche Glaube muß die rechte Unterscheidung zwischen Gesetz und Evangelium und zwischen den beiden Reichen treffen. Das Vermengen von Gesetz und Evangelium sowie das Durcheinanderbringen der beiden Formen göttlichen Handelns haben verhängnisvolle Folgen für Theologie und Kirche. Unterscheidung bedeutet jedoch keine Trennung. Die beiden Reiche sind keine Bereiche, die getrennt werden können, sondern Dimensionen, die unterschieden werden müssen. Es gibt keinen politischen Bereich neben einem geistlichen Bereich. Die beiden Reiche dürfen nicht mit der modernen Vorstellung einer Trennung von Kirche und Staat verwechselt werden. Das kosmische Ringen zwischen den göttlichen und den satanischen Mächten durchdringt alle Dimensionen menschlichen Lebens, auch die religiöse. Gott wirkt auf zweierlei Weise: zum einen schöpferisch für das, was für das menschliche Leben in allen seinen persönlichen und gesellschaftlichen Dimensionen gut ist, und zum anderen als Erlöser, um die Welt zu der in Christus bekundeten letzten Vollkommenheit zu bringen.

Lutheraner sollten deutlich machen, daß sie die Zwei-Reiche-Lehre oder Luthers Rede von den beiden Händen Gottes nicht restriktiv auslegen. Wir streben lediglich nach dem, was zur Wahrheit des Evangeliums gehört, was für die christliche Identität und die Praxis des christlichen Glaubens wesentlich ist. Was zum Evangelium gehört, gehört zur ganzen Kirche. Keine Theologie, die nicht in eben diesem Evangelium gegründet ist, kann ökumenisch sein. »Kein anderes Evangelium« sollte nicht das Schlagwort des konservativen Flügels der Kirche werden, als ob die Liberalen eine andere Grundlage für den christlichen Glauben besäßen. Die christliche Botschaft spricht deshalb in ihrer Ganzheit von zwei Dingen, die Gott in der Welt tut. Gott drängt auf die geschichtliche Befreiung der Menschen durch eine Fülle säkularer Medien, und um Christi willen verheißt er ewiges Heil durch die Predigt des Wortes und die Verwaltung der Sakramente. Geschichtliche Befreiung und ewiges Heil sind nicht das gleiche. Sie sollten nicht miteinander gleichgesetzt werden. Das Evangelium ist nicht eine der Wahrheiten, die wir für selbstverständlich halten; es ist kein unveräußerliches Recht, nichts, wozu die beste Regierung der Welt etwas beitragen könnte. In Befreiungsbewegungen kämpfen in vorderster Linie viele Menschen, die sich nicht vom Evangelium leiten lassen. Die Hoffnung auf Befreiung brennt in den Herzen von Millionen von einfachen Menschen, die sich von Armut und Tyrannei frei zu machen suchen. Wenn sie diese Freiheit gewinnen, haben sie nicht automatisch auch die Freiheit gewonnen, zu der Christus sie befreit hat (Galater 5,1). Das ist die Grundaussage der Zweireichelehre.

V. Die eschatologische Dimension

Die berühmte Chalcedonensische Formel spricht von beiden Naturen Christi auf eine Weise, die wir für die beiden Reiche vereinnahmen könnten: »unvermischt« und »unzertrennlich«.[14] Dann sehen wir uns jedoch einem ähnlichen Problem wie die Theologen nach Chalcedon gegenüber. Worin besteht das Prinzip ihrer Einheit? Die Suche nach einer Antwort auf diese Frage veranlaßte Theologen zur Spekulation über die hypostatische Einheit, anhypostasia, enbypostasia, communicatio idiomatum usw. Wir stehen vor einem ähnlichen Problem. Wie sollen wir das Prinzip der Einheit begreifen, das die beiden Dimensionen von Gottes Offenbarung durch das Gesetz der Schöpfung und das Evangelium der Erlösung verbindet? Seltsamerweise haben Lutheraner traditionell mit ihrer Christologie zur monophysitischen Seite geneigt, mit ihrer Behandlung der beiden Reiche jedoch zum »Nestorianismus«. Das Prinzip der Einheit, nach dem wir streben, läßt sich durch eine Wiederbelebung der eschatologischen Dimension der Bibel verwirklichen. Das Reich der Schöpfung und das Reich der Erlösung haben den gleichen eschatologischen Zukunftshorizont. Die Lehren von der Schöpfung und vom Gesetz sind mit dem eschato-

[14] Diese Meinung vertrat Gustaf Aulen: »Evangelium und Gesetz sind eng miteinander verbunden. Wir könnten hier sogar die berühmte Chalcedonensische Formel über die beiden Naturen Christi anwenden: ›unvermischt‹ und ›unzertrennlich‹«. Church, Law and Society (Kirche, Gesetz und Gesellschaft) (New York: Charles Scribner's Sons, 1948), S. 57.

logischen Ziel der Welt verbunden, auf das die Kirche in ihrer Botschaft des kommenden Reiches verweist. Das Thema der Eschatologie bezieht sich nicht nur auf die Heilsordnung (ordo salutis), sondern auch auf den ständigen Schöpfungsprozeß. Die Schöpfungsordnungen sind nicht autonom: Es gibt eine eschatologische Vollendung (apokatastasis ton panton) aller Dinge, die in Leben, Tod und Auferstehung Jesu des Christus Gottes vorausgesehen und vorweggenommen ist. Im Jesusbild der Evangelien wird die Einheit des Kampfes um Menschenrechte und der Verkörperung der göttlichen Gerechtigkeit bezeugt. Das Evangelium erklärt, daß der Kampf der Bauern, des Proletariats und der Elenden der Erde um ihre Rechte ein Kampf ist, in dessen Mitte die Zeichen des messianischen Reiches aufbrechen sollen. Der Messias kommt, heißt es, wenn »die Blinden sehen, die Lahmen gehen, die Aussätzigen rein werden, die Tauben hören, die Toten auferstehen und den Armen das Evangelium gepredigt wird«.

Die eschatologische Botschaft des christlichen Glaubens bietet den Kirchen deshalb heute die Möglichkeit, eine ökumenische Theologie der Menschenrechte auszuarbeiten. Menschenrechte sind nicht »weltlich«, als ob sie nur mit »Recht und Ordnung«, nicht jedoch mit Jesu Botschaft vom Reich zu tun hätten. Die im internationalen Konsensus über Menschenrechte verkörperten Werte und die Bemühungen um ihre Verwirklichung im gesellschaftlichen Leben können als irdische Zeichen jener Gerechtigkeit des Reiches Gottes ausgelegt werden, die das Evangelium der Welt auf der Grundlage der Rechtfertigung verkündigt, die Gott durch Jesus Christus gewährt hat.

Die eschatologische Botschaft der Kirche verbindet somit die beiden Dimensionen der Hoffnung miteinander:

Hoffnung für die Armen und Hoffnung für die Sünder. Die Armen rufen nach Gerechtigkeit, und die Sünder nach Rechtfertigung. Die Kirche darf diese Anliegen auf keinen Fall voneinander trennen. Die Kirche muß die Botschaft des Reiches Gottes in die reale Welt tragen, in der die Dämonen sich austoben und die Hand Gottes den Kessel weltlicher Existenz in allen ihren politischen, wirtschaftlichen und gesellschaftlichen Dimensionen umrührt. Wir müssen uns um ein umfassendes Verständnis des Reiches Gottes bemühen, das zwei Dimensionen gleichzeitig umfaßt. Die vertikale Dimension des Eangeliums vermittelt eine Begegnung mit der absoluten Transzendenz Gottes, die horizontale Dimension des kommenden Reiches spricht von der Begegnung mit Christus in der Person unseres bedürftigen Nächsten. Die Tiefendimension offenbart unseren menschlichen Zustand der Sünde und Entfremdung; die Breitendimension ringt mit den Mächten des Bösen auf der Ebene der täglichen geschichtlichen Existenz. Die persönliche Dimension erhöht jeden einzelnen Menschen als im Angesicht Gottes unendlich wertvoles Wesen; die politische Dimension befaßt sich mit der Qualität von Gerechtigkeit und Freiheit im Land. Das Symbol des Reiches Gottes ist multidimensional, wobei diese vertikalen und persönlichen Dimensionen mit den horizontalen und politischen Dimensionen des kommenden Reiches vereint werden.

Beim Dualismus der beiden Reiche geht es nun darum, ob die Kirche und ihre missionarische Verkündigung aktiv dazu beitragen können, daß sich die vertikale Linie der Rechtfertigung allein durch den Glauben auf die horizontale Linie des Reiches anwenden läßt, das für Gerechtigkeit in einer bösen Welt kämpft. Die vertikale Linie, die die Transzendenz Gottes mit der persönlichen Glaubenserfahrung verbindet, muß sich mit der horizontalen Linie überschneiden, wo das Ringen um Menschenrechte, Frieden und Freiheit stattfindet. Die vertikale Linie des Glaubens ist mit der horizontalen Linie der Befreiung in der Geschichte verknüpft. Die Liebe Gottes um Christi willen und das Engagement für die Menschenrechte um der Menschheit willen kommen zusammen im Bild dessen, was Gott für die Welt in der Geschichte Jesu Christi tut. Der eine Gott, der am Ringen um menschliche Befreiung von Hunger, Elend, Unterdrückung, Unwissenheit und allen Mächten der Sünde und des Bösen teilhat, ist kein anderer als der Vater von Jesus Christus, der die ganze Welt mit ihm selbst versöhnt. Die Zeichen der Befreiung sind Vorboten des vollkommenen Heils, das der Welt in Christus verheißen ist. Die im Wirken Jesu offenbarte Herrschaft von Gottes Gerechtigkeit ist die vollkommene und endgültige Macht Gottes, letztendlich die Erfüllung der Menschenrechte gewährleisten zu können, die häufig mißachtet und unter den Bedingungen irdischer Existenz bestenfalls nur teilweise verwirklicht werden. Die Macht der eschatologischen Gerechtigkeit ist bereits heute am Werk, um alles zwischen den Menschen recht zu machen, um Dinge zwischen den Menschen in Ordnung zu bringen, die vor Gott im Unrecht sind, die nicht tun, was recht ist, die der Verletzung der Rechte anderer in selbstgerechter Aggression schuldig sind, und die Gott seiner Rechte und des ihm Gebührenden berauben, weil sie ihn in ihrem Stolz mißachten. Eine Gemeinschaft, die mit dem Wissen um die Gabe von Gottes absoluter Gerechtigkeit in Christus gesegnet ist, hat keine andere Wahl, als für jede Dimension der irdischen Gerechtigkeit (iustitia civilis) einzutreten, die auf Erden möglich ist.

Es gibt für die Kirche viele Möglichkeiten, auf dieser Grundlage am weltweiten menschlichen Ringen um Menschenrechte teilzunehmen. Zunächst einmal soll die Kirche den ganzen Rat Gottes predigen, einschließlich der Politik des Reiches Gottes durch die Mittel von Gerechtigkeit und Gesetz (regnum potentiae, usus legis politicus). Sodann tritt die Kirche für die Opfer der Unterdrükkung ein, deren Rechte verweigert werden, wobei sie diese im Gebet vor Gott bringt. Zum dritten soll die Kirche vor der Welt beweisen, wie Menschen bei voller Achtung der Rechte des anderen zusammenleben können, indem sie allen Menschen zugängliche Existenzmöglichkeiten entwirft. Zum vierten wird die Kirche alle ihre Glieder lehren, ihr Christenleben in der Gestalt ihrer weltlichen Aufgaben in dieser Welt zu leben. Zum fünften soll die Kirche ein wachsames und militantes Organ gegen die Kräfte sein, die die Menschen ihrer grundlegenden Rechte berauben. Zum sechsten muß die Kirche die Werke der Barmherzigkeit tun und alles zu tun bereit sein, um diejenigen zu verteidigen und zu retten, deren Rechte von den Regierungen mit Füßen getreten werden. Zum siebten muß die Kirche in ihren Schulen Forschungszentren einrichten, um der öffentlichen Empfindlichkeit gegenüber neuen Formen der Unterdrückung vorzuarbeiten und das Mitgefühl für die unsichtbaren Opfer wachzurufen. Diese Liste ist nicht vollständig, zeigt aber auf, daß die christliche Gemeinschaft nicht hinter einer künstlichen Mauer der Trennung von Kirche und Staat, Religion und Gesellschaft, Gesetz und Evangelium, Reich zur linken Hand Gottes und Reich zur rechten Hand Gottes usw. verharren kann. Diese Trennungen lassen sich um eines echt ökumenischen und theologisch fundierten christlichen Verständnisses der Menschenrechte willen nur überwinden, wenn das Reich

Gottes als Ausgangspunkt und Organisationsprinzip für eine systematische Theologie aufs neue bekräftigt wird. Dabei steht keine der drei Traditionen im Vordergrund, mit denen wir uns befaßt haben. Wir alle lesen das gleiche Evangelium. Wir alle sind von den Ergebnissen der modernen Bibelexegese herausgefordert. Die vorstehend aufgezeigten Aspekte haben die Macht, die Tendenzen eines Alleinvertretungsanspruchs zu relativieren und einen neuen Horizont gemeinsamen Verständnisses zu eröffnen, der über sie alle hinausweist.

Trutz Rendtorff

Menschenrechte – ein Grundelement weltlicher Ordnung im Kontext des christlichen Glaubens

Diskussionsbeitrag zum theologischen Verständnis der Menschenrechte

Die Kirchen haben sich in den vergangenen Jahrzehnten stärker an der Menschenrechtsdiskussion beteiligt. Es ist aber noch offen, wo der Ort insbesondere für die Begründung der Menschenrechte innerhalb der Theologie zu bestimmen ist. Im Folgenden sollen bestimmte Gesichtspunkte formuliert werden, die für einen lutherischen Zugang zu dieser Thematik charakteristisch sind, aber keine definitive lutherische Stellungnahme darstellen, sondern einen Beitrag zu einer weitergehenden Dikussion.

1. »Für den Augenblick sieht es so aus, als sei mit dem Stichwort Menschenrechte ein Oberbegriff gefunden, in welchem die bisherige sozialethische Diskussion eingebracht werden könnte«[1]. Eine solche Feststellung gilt selbstverständlich nicht nur für die Kirchen. In Fragen der Menschenrechte gibt es heute keine Positionen prinzipieller Bestreitung mehr. Nicht nur konfessionelle Besonderheiten, auch solche politisch-geographischer oder ideologischer Natur sehen sich durch das Konzept der Menschenrechte herausgefordert und müssen darum ihr eigenes Selbstverständnis in einen Prozeß der Konzeptualisie-

[1] H. Vogt, Kirche und Menschenrechte, epd-Dokumentation Nr. 5/75.

rung der Menschenrechte einbringen. In historischer Hinsicht kann man darin das wichtigste Resultat des Prozesses neuzeitlicher politischer Aufklärung erblicken. Das bedeutet für Theologie und Kirche, daß Menschenrechte nicht nur »für Christen« begründet werden können, sondern daß das Grundrecht der Religionsfreiheit in einem gewissen Sinne auch auf die Konzeptualisierung der Menschenrechte angewendet werden muß. Es gibt keine theologische oder ideologische Alleinzuständigkeit für Menschenrechte. Jeder Versuch in einer solchen Richtung würde bedeuten, sich aus dem Prozeß der Verständigung über die Menschenrechte, ihre Begründung, ihre Reichweite und ihre Realisierung auszuschließen.

Es ist dieser Diskussionsstand, von dem auch eine theologische Begründung der Menschenrechte auszugehen hat. Die erste, mehr methodische Überlegung gilt also der Frage, welche Bedeutung dieser Diskussionsstand für die Theologie hat. Begründungsfragen könnten dazu veranlassen, die Menschenrechte als eine solche theologische Frage zu behandeln, in der das Grundverständnis von Theologie überhaupt reflektiert werden muß. Dann würde es darum gehen, die Menschenrechte aus einem Gesamtverständnis der Theologie in allen relevanten Hinsichten herzuleiten. Mir schiene ein solches Vorgehen weder praktikabel noch theologisch sinnvoll zu sein. Man sollte die Menschenrechtsfrage nicht zum Anlaß für Entwürfe einer neuen Theologie überhaupt nehmen, sei es für den Entwurf einer ökumenischen Theologie zur Verstärkung der Menschenrechte, sei es für eine Theologie der Menschenrechte überhaupt. Historische wie theologische Gründe sprechen vielmehr dafür, den säkularen Charakter der Menschenrechte zum Bezugspunkt zu nehmen, und das in einem doppelten Sinne: einmal in dem Sinne, daß die

Menschenrechte für die gegenwärtige Epoche eine überragende Relevanz erhalten haben, zum anderen in dem Sinne, daß sie der wichtigste Punkt für die Erörterung der »weltlichen« Ordnung des Zusammenlebens der Menschen sind. Mit den Menschenrechten treten Fragen in den Vordergrund, die in neuer Weise und mit neuen Perspektiven die Funktion und den Aufbau »weltlicher« Ordnung betreffen. Dies ist jedenfalls ein für die reformatorisch-lutherische Tradition christlicher Ethik wichtiger Ausgangspunkt, der es zugleich erlaubt, im Umgang mit der heutigen Menschenrechtsproblematik deren innerweltliche Bedeutung in den Vordergrund zu rücken und eine theologische Überdeterminierung der Menschenrechte zu vermeiden. Der entschlossene Zugang auf den spezifisch säkularen Charakter der Menschenrechte wäre, zumindest erkenntnistheoretisch, zugleich ein Beitrag zu einer friedlichen und im guten Sinne aufgeklärten, toleranzbereiten Erörterung der auch im Themenfeld der Menschenrechte auftretenden Konflikte. Die Menschenrechte sind das vorrangige Thema, an dem es heute um den guten Sinn weltlicher Ordnung geht.

Ich fasse diesen ersten Diskussionsbeitrag thetisch folgendermaßen zusammen:

(1) Menschenrechte finden heute weltweit Anerkennung, ihr Geltungsanspruch ist universal.

(2) Die Kirchen können sich an der Wahrung und Verwirklichung von Menschenrechten aus eigenen Gründen nur beteiligen, wenn sie dafür eine spezifisch theologische Begründung der Menschenrechte in Anspruch nehmen.

(3) Die Suche nach einer theologischen Begründung steht aber unter der Bedingung, daß es keinen Alleinvertretungsanspruch auf Menschenrechte geben kann.

(4) Eine jede theologische Konzeptualisierung der Menschenrechte muß darum der Spannung zwischen universaler Geltung und spezifisch theologischer Begründung Rechnung tragen.

(5) Die theologische Begründung der Menschenrechte muß deshalb auf deren säkularen Charakter zielen und für ihn offen sein. Die Menschenrechte sind ein Grundelement einer guten »weltlichen« Ordnung und insofern von der Tradition reformatorischer Ethik her zu bestimmen.

2. Eine theologische Erörterung, die auf die Begründung der Menschenrechte zielt, muß heute auch die Gründe thematisieren, die in der Tradition dazu geführt haben, daß die Menschenrechte mit Skepsis, Zurückhaltung und teilweise Ablehnung von Theologie und Kirche betrachtet worden sind. Das gilt vor allem für die lutherische Kirche und Theologie des 19. Jahrhunderts. Es wäre unwahrhaftig, die Menschenrechte ohne weiteres als einen schon immer anerkannten Bestandteil christlicher Ethik auszugeben und die schwerwiegenden Konflikte zu übersehen oder zu leugnen, die sich im Blick auf die Menschenrechte in früheren Epochen für Theologie und Kirche ergeben haben. Es besteht aber auch kein Grund, diese Kritik einfach als überholt zu bezeichnen. Vielmehr müssen deren Gründe so bewußt gemacht werden, daß erkennbar wird, ob und wie sie in der heutigen Auseinandersetzung eine Rolle zu spielen vermögen.

Es ist wiederholt und zutreffend daran erinnert worden, daß der entscheidende Gesichtspunkt für eine theologische Kritik an den Menschenrechten, vor allem im Lager der lutherischen Theologie auf das engste mit dem Begriff und der Vorstellung der »Selbsverwirklichung« verbunden gewesen ist. Die Forderung nach Menschenrechten ist sehr oft unmittelbar als Ausdruck eines menschlichen Emanzipationsstrebens empfunden worden, in dem der Mensch sich selbst an die Stelle der von göttlicher Autorität begründeten weltlichen Ordnung zu setzen suchte. Dieses Autonomiestreben galt dann als gegen Gottes Ordnung gerichtet. Selbstverständlich haben in dieser Kritik eine ganze Reihe historischer und politischer Bedingungen eine Rolle gespielt, die die ältere Polemik von Kirche und Theologie veranlaßt hat, auf die Seite der Kritiker moderner Menschenrechtsforderungen zu treten. Reduziert man diese verschiedenen Bedingungen auf das darin obwaltende theologische Interesse, so kann man folgendes sagen: die Forderung der Menschenrechte erschien als das Aufbegehren eines Freiheitswillens des Menschen, der sich im Prinzip gegen die dem Menschen von Gott gegebene politische Ordnung richtete. In dieser Perspektive konnten dann Menschenrechte und politische Ordnung als antithetisch gelten. Diese Antithese verschärfte sich durch die Erfahrung von politischen Revolutionen, die im Namen von Menschenrechten begonnen wurden. Theologisch gesehen, ist die Kritik an den Menschenrechten im Prinzip die Kritik daran, daß der Mensch sich selbst zum Subjekt der politischen Ordnung machen will und auf diesem Wege, so konnte es erscheinen, in eine direkte Konkurrenz zu Gott als dem letztgültigen Subjekt der weltlichen Ordnung trat. So konnte etwa Abraham Lincoln in diesem Zusammenhang von der »Sünde eigenmächtiger Freiheit« sprechen. Der Ton lag dann nicht auf Menschen*rechten*, sondern auf *Menschen*rechten, weniger auf dem defensiven als auf dem fordernden Klang der damit verbundenen Forderungen.

Wie immer die theologie- und kirchengeschichtlichen Voraussetzungen der Menschenrechte aussehen, so sind die Menschenrechte doch erst in der Konsequenz der neuzeitlichen Autonomie als auch politischer Autonomie wirksam hervorgetreten. Erst wenn man das sieht, wird deutlich, wo das Herz der theologischen Auseinandersetzung geschlagen hat[2]. Auch ohne auf die kritische Traditionsgeschichte im Verhältnis zu den Menschenrechten im einzelnen einzugehen, ist es wichtig, diesen Gesichtspunkt im Auge zu behalten. Denn gerade für die heutige Auseinandersetzung gilt, daß die individuellen Freiheitsrechte des Menschen nicht mehr das alleinige Thema der Auseinandersetzung um die Menschenrechte sind. Die jüngste Geschichte der Menschenrechte ist ja gerade durch die Frage nach sozialen, kulturellen, ökonomischen, ja ökologischen Menschenrechten bestimmt. Darüber soll und kann ja nicht vergessen werden, daß der innere Bezugspunkt der mit den Menschenrechten zusammenhängenden Problematik auf Begriff und Vorstellung der Autonomie des Menschen zurückgeht. Die heutige Entwicklung ist bereits dadurch charakterisiert, daß im Kontext der Menschenrechte selbst eine bestimmte Kritik ihrer Anfänge laut wird. Wenn nun aber die Autonomie des Menschen nicht auf der theologischen Ebene, das heißt in einer unmittelbaren Konkurrenz des Menschen zu Gott verortet werden soll und kann, wenn es vielmehr darum geht, Menschenrechte als ein Strukturelement weltlicher Ordnung ins Auge zu fassen, dann ist es von entscheidendem Belang zu sehen, daß die Form, in der sich die Verwirklichung von Menschenrechten vollzieht, das eigentliche politische und ethische Sachthema darstellt. Nicht »unmittelbare« Selbstverwirklichung, sondern die

2 Vgl. dazu Horst Zillessen, Protestantismus und politische Form, 1970; Trutz Rendtorff, Freiheit und Recht des Menschen, 1968.

Verwirklichung von Rechten des Menschen im Kontext der politischen Ordnung ist das eigentliche Sachthema, um das es geht und gehen muß.

Ich fasse diesen Diskussionsbeitrag wiederum thetisch zusammen:

(1) Für die lutherische Theologie bedeutet eine Zuwendung zu den modernen Menschenrechten immer auch die Auseinandersetzung mit der Kritik der Menschenrechte in ihrer eigenen Tradition. Es ist ein Prüfstein der Wahrhaftigkeit ihrer eigenen Position, diese Kritik nicht einfach zu negieren, sondern in die heutige Erörterung aufzunehmen.

(2) In Verbindung mit zeitgeschichtlichen politischen Gründen war die lutherische Kritik an den Menschenrechten vor allem begründet in der Kritik an dem unmittelbaren Autonomieanspruch des Menschen gegenüber einer von Gott gegebenen Ordnung.

(3) Die lutherische Theologie muß die inhaltliche Intention dieser Kritik aufnehmen und fruchtbar machen: Menschenrechte gelten dem Menschen innerhalb der weltlichen Ordnung des gemeinsamen Lebens und begründen nicht einen absoluten Freiheitsanspruch des Menschen vor allen konkreten Beziehungen. Die spezifische Freiheitsfunktion der Menschenrechte kann darum allein in der Gestaltung der Ordnung und für sie zur Geltung kommen.

(4) Deswegen sind die Menschenrechte primär auf ihren politisch-ethischen Gehalt hin zu explizieren, weil sie eine konstruktive Rolle gegenüber unbedingter politischer Autorität ausüben, das heißt, die gerade theologisch relevante Grenze politischer Autorität im Verhältnis zum Menschen markieren.

3. Die Verortung der Menschenrechte im Zusammenhang der »weltlichen« Ordnung und im Folgezusammenhang der neuzeitlichen Autonomie hat für das theologische Verständnis folgende Konsequenzen: Die Begründung der Menschenrechte sollte nicht direkt in einem Menschenbild, in einer theologischen Anthropologie gesucht werden; sie sollte in dem Beziehungsverhältnis von Staat, Verfassung und politischer Ordnung zur Partizipation der Menschen diskutiert werden. In dieser Hinsicht hängen Begründung und Realisierung von Menschenrechten unlöslich zusammen und bilden eine sachliche Einheit.

Nur wo der Staat ans Recht gebunden ist, kann er auch an Menschenrechte gebunden sein. Mit dieser Formulierung wird folgendes behauptet: Menschenrechte artikulieren nicht nur eine moralische Forderung, die zusätzlich an politische Ordnungen und an politisches Handeln gerichtet werden sollte. Menschenrechte haben es im Kern mit der Struktur und der Qualität der Rechtsverhältnisse selbst zu tun. Sie haben es damit zu tun, wie die weltliche Ordnung eine ihrer Aufgaben und Bestimmung gemäße Verfassung erhält und durch die Verfassung bestimmt wird. Sowohl von der historischen Genese her wie in der sachlichen Logik gilt darum, daß die Menschenrechte in erster Linie auf die Beziehung von Staat und Bürger zu befragen sind. Dabei geht es vor allem darum, wie die Verfassung des politischen Gemeinwesens (national und international) der Tatsache verbindlich Rechnung trägt, daß dem Staat die Menschen nicht einfach zur Disposition stehen für die Verwirklichung seiner Zwecke, sondern daß ihm das Leben der Bürger in jedem Falle vorgegeben ist. Es geht um die innere Normierung staatlicher Macht, darum, daß der Abhängigkeit der Bürger vom politischen Gemeinwesen die Anerkennung des selbständigen Lebens der Bürger seitens des Staates entsprechen muß. In der Perspektive der Tradition geht es darum, für den modernen säkularen Staat die Einsicht festzuhalten und auszuarbeiten, daß der Staat einem Auftrag untersteht und im Verhältnis zu diesem Auftrag nicht souverän ist, sondern unter einer »Anordnung Gottes« steht, die er wahrzunehmen hat. Die Menschenrechte repräsentieren in der politischen Ordnung und für diese die inhaltlichen Grenzen der Souveränität und damit zugleich positiv den Auftragscharakter politischen Handelns.

Die Bedingtheit staatlichen Handelns auf allen Ebenen gegenüber der Versuchung zu unbegrenzter Machtausübung kann und soll durch das Recht, durch die rechtliche Bindung manifest werden. Deswegen darf der Staat als weltliche Ordnung auch nicht ein bestimmtes inhaltliches Menschenbild von sich aus verbindlich machen wollen (Glaubensstaat). Diese Bindung des Staates gerade in der für ihn wesentlichen Beziehung auf die Macht findet deswegen ihren formgerechten Ausdruck in der Gewaltenteilung, vor allem und in erster Linie in der Unterscheidung zwischen den Menschenrechten als Grundrechten für den Staat, die seine verfassungsmäßige Bindung festlegen, gegenüber der aktiven Gesetzgebung und der dem Staat darin übertragenen Gestaltungsaufgaben. Die Bedingtheit der weltlichen Ordnung soll und muß also für die Konstitution des politischen Gemeinwesens selbst relevant sein, also in der Verfaßtheit, in der Verfassung manifest werden. Deshalb kann man sagen: Demokratie, Gewaltenteilung und Menschenrechte sind die drei entscheidenden Dimensionen, in deren Verhältnis zueinander die Frage von Menschenrechten im Grundsinn wie in Richtung auf ihre Realisierung erörtert werden müssen. So richtig es ist, daß die Aufgabe der Kirche darin nicht bestehen kann, die Diskussion der Politiker und Rechtswissenschaftler auf die eigene Weise zu reproduzieren, so gilt aber, daß sich die Kirchen von dieser Diskussion nicht entfernen dürfen, um so etwas wie eine rechtsfreie oder politikfreie Sphäre religiöser oder theologischer Menschenrechtsvorstellungen zu entwickeln. Sonst käme es zu einer realitätsfernen Theologisierung der Menschenrechte, ohne daß deren spezifischer Ort im Aufbau und in Beziehung auf die innere Qualität der weltlichen Ordnung klar erkannt würde.

Sowohl die Gewaltenteilung wie darin vor allem die Unterscheidung von Grundrechten einerseits und der Gesetzgebungskompetenz des Staates andererseits sind die Art und Weise, wie die alte reformatorische Unterscheidung von geistlichem und weltlichem Regiment für den Aufbau eines modernen Staates eingeholt werden kann und rechtserheblich wird.

Zur Begründung dieser These müßte vor allem das Verhältnis von staatlicher Legitimation und Rechtfertigung des Menschen vor Gott erörtert werden. Denn auch für die heiß umstrittene Lehre von den Zwei Regimenten ist mit und seit Luther nicht eine allgemeine Ontologie, eine Weltsicht der Aufteilung von Einflußsphären etc. bestimmend gewesen, sondern allein die Lehre von der Rechtfertigung und die darin begründete Lehre von der christlichen Freiheit.

Die Rechtfertigung des Menschen ist die Thematisierung eines ursprünglichen Rechtsverhältnisses, in dem der Mensch zu Gott existiert und in dem er sein letztgültiges Leben allein von Gott empfängt. Diese Rechtfertigung ist eine definitive Grenze für den Staat, weil er diese Rechtfertigung des Menschen im Wesentlichen nicht erbringen kann und sie darum auch nicht für sich in Anspruch nehmen soll. Sie ist aber zugleich auch die Quelle dafür, daß und wie sich der von Gott befreite Mensch in den Dienst der weltlichen Ordnung als eines Elementes der guten Schöpfung Gottes stellt. Wenn es so etwas wie eine von der politischen Ordnung unabhängige Würde des Menschen gibt, dann erscheint es unter den von mir genannten Voraussetzungen nicht sinnvoll, diese Würde in einem Wesen des Menschen zu sehen, sondern in einem Bezogensein des Menschen auf Gott, das von seiner Beziehung zum Staat unterscheidbar ist und sein soll. Diese Unterscheidbarkeit soll für Struktur und Verfassung der politischen Ordnung selbst eine Rolle spielen. Darum geht es in theologischer Hinsicht bei den Menschenrechten.

Auch ohne diesen Zusammenhang hier im einzelnen entfalten zu können, scheint mir der Zusammenhang von Rechtfertigung des Menschen und Legitimation des Staates als weltlicher Ordnung der Punkt zu sein, an dem auch die Aporien einer statischen Auffassung der Zwei-Regimenten-Lehre überwunden werden können. In diesem Argumentationszusammenhang ist für die historische Genese der Menschenrechte noch auf das Folgende besonders zu verweisen: Die Auffassung ist herrschend geworden, daß die Menschenrechte sich im wesentlichen einer puritanisch-angelsächsischen Genealogie verdanken. Rudolf Smend hat schon früher die Aufmerksamkeit darauf gerichtet, daß die sozialethischen Voraussetzungen bei der Einführung der ersten konstitutionellen Verfassungen auch in der alten christlichen Lehre von den Drei Ständen gefunden werden können. Im status politicus, ecclesiasticus und oeconomicus findet sich der Mensch in jenem konkreten Verantwortungsstand, in dem seine eigene freie und selbstverantwortliche Lebensführung konkret wird.

Im Konstitutionalismus geht es um eine neue Einordnung der zu politischer Mitwirkung berufene Bürger, aber nicht als abstrakte einzelne, sondern im Felde ihrer konkreten sozialen Lebensverantwortung. Die Grundrechte sind dann die Form der neuen Rechtsstellung für diesen »Beruf« der Bürger, das heißt für ihre konkrete Selbstverantwortung, zu der sie in ihrem Stand berufen sind. Das besondere Merkmal dieser historischen Perspektive auf die Entstehung der Grundrechte ist darin zu sehen, daß die Grundrechte hier keine vor- oder außerstaatliche Begründung erhalten, sondern die Stellung des Bürgers innerhalb des Gemeinwesens aufnehmen und sichern. Aus Standesrechten werden Staatsrechte, die Grundrechte sind die Basis für das neue Staatsbürgertum. In ihnen wird die grundrechtliche Stellung des konkret verantwortlichen Bürgers im Gemeinwesen formuliert. Von daher gesehen, sind die Grundrechte als Freiheitsrechte zugleich soziale Rechte.[3] Die Thematisierung der sozialen Dimension der Menschenrechte nimmt insofern auch ein Element der Tradition auf, das durch die Dominanz der angelsächsischen, am Individuum orientierten Menschenrechtslehre in den Hintergrund getreten war. Wenn man sieht, daß es sich bei den Menschenrechten um eine Ausformung und Neubestimmung der weltlichen Ordnung handelt, dann leuchtet es ein, hier auch eine Neubestimmung des Staatsbürgertums zu erblicken.

Ich fasse diesen Diskussionsbeitrag wiederum thetisch zusammen:

(1) Die Menschenrechte gelten in erster Instanz der Wahrung und dem Schutze der Freiheit des Menschen im

[3] Rudolf Smend, Staatsrechtliche Abhandlungen, 2. Aufl. 1968, S. 309–325, vgl. den Artikel: »Das Verfassungsprinzip der Neuzeit« im Handbuch der christlichen Ethik, Bd. II, 1978, S. 215ff.

politischen Raum und darum in und gegenüber der politischen Ordnung.

(2) Die Menschenrechte appellieren an die Struktur und Gestaltung der Rechtsverhältnisse und verlangen eine ausdrückliche Anerkennung der Grenzen staatlicher Souveränität im Verhältnis zu den Bürgern, die das Gemeinwesen bilden.

(3) Der wichtigste konkrete Ort für die Menschenrechte ist die Unterscheidung von Grundrechten der Bürger im Gemeinwesen und der Gesetzgebungskompetenz des Staates. Insofern sind Menschenrechte grundlegend für die Verfassung moderner Gemeinwesen. Man kann darin eine säkulare Fassung der Unterscheidung der Zwei Regimente erblicken.

(4) Theologisch ist vor allem das Verhältnis von staatlicher Legitimation einerseits und Rechtfertigung des Menschen vor Gott andererseits von Bedeutung. Die Würde des Menschen, die seine Unabhängigkeit gegenüber dem Staat begründet, besteht letztlich nicht in seiner eigenen unmittelbaren Stärke, sondern darin, daß er von Gott anerkannt und zur Freiheit berufen ist.

(5) Unter dieser Voraussetzung ist die Bedeutung der Menschenrechte nicht allein auf die Seite individueller Freiheitsrechte zu beschränken, sondern bedarf auch gerade der Ausgestaltung der sozialen Rechte als bestimmter Partizipationsrechte des Menschen am Gemeinwesen.

4. Die heutige Diskussion geht mit guten Gründen darum, daß die Menschenrechte nicht ausschließlich auf der Linie der Verteidigung und des Schutzes individueller Freiheitsrechte zu bestimmen sind. Das gilt nicht nur im Interesse einer Verständigung zwischen westlichen und »sozialistischen« Positionen.

In diesem Zusammenhang sei daran erinnert, daß bereits auf der Weltkonferenz für Kirche und Gesellschaft 1966 die Unterscheidung von »protektivem« und »produktivem« Recht eingeführt worden ist. Mit dieser Unterscheidung wird das innere Spannungsfeld politischer Ordnung für die Rechtsgestaltung selbst mit Einschluß ihrer sozialen und ökonomischen Implikationen aufgenommen.

Das Stichwort »protektives« Recht thematisiert dabei die traditionelle Schutzfunktion des Rechtes, eine Aufgabe, die gerade in Zeiten revolutionärer Veränderungen neue und gesteigerte Aufmerksamkeit verlangt und ihr eigenes Gewicht behält.

Das Stichwort »produktives« Recht thematisiert den Sachverhalt, daß durch die Rechtsgestaltung Lebensrechte und Lebensmöglichkeiten gewährt oder verwehrt, verteilt oder verweigert werden, weil der Mensch konkrete Rechte nicht ursprünglich, von Natur aus hat, sondern sein Recht immer konkret empfängt.

Unter diesem Gesichtspunkt ist vor allem ein Problem hervorzuheben, das in der klassischen Konzeption von Menschenrechten liegt. Diese ging im Grunde immer von dem starken Bürger aus, der seine Freiheit und seine Lebensmöglichkeiten bereits hat, wahrnimmt und verwirklicht und sie vor den Angriffen des Staates geschützt sehen wollte. Diese Konzeption hatte dagegen wenig Raum für den schwachen Bürger, den unabhängigen, leidenden Menschen, der zu seinem Lebensrecht allererst kommen soll und muß und dazu der Hilfe, des Beistandes und der konkreten Ermöglichung bedarf. Hier, in Richtung auf diese Aufgabe des »produktiven« Rechtes ist darum auch der Brennpunkt der heutigen Weltprobleme zu sehen, die im Zusammenhang mit den Menschenrechten diskutiert werden.

Die nationale Beschränktheit von Rechtsordnungen bleibt hinter den Aufgaben einer produktiven Realisierung von Menschenrechten noch weit zurück. Darum betrifft eine Erweiterung der Menschenrechtsthematik auch Fragen des Staatsverständnisses im Verhältnis zur internationalen Ordnung. Der Ausbau der Menschenrechte sollte darum – gerade unter dem Gesichtspunkt der weltlichen Ordnung – als ein Element in der Suche nach Formen und Strukturen internationaler Ordnung diskutiert werden. Auch in diesem Sinne geht es um die Entdeckung der »produktiven« Funktion des Rechtes.

Doch gerade in dieser Hinsicht sollte die Problematik nicht gering geachtet werden, die sich dabei auftut. Es gibt national wie international eine »Revolution der steigenden Erwartungen«, als Erwartungen an die Staaten, an die politische Ordnung, die zum Teil weit über das hinausgehen, was von weltlicher Ordnung materiell geleistet werden kann. Es gibt eine Überforderung der weltlichen Ordnung, die thematisch bis zur Forderung der Aufhebung menschlicher Entfremdung überhaupt reichen kann. Sie kann sich auch in einer Explosion von Menschenrechtsvorstellungen und Menschenrechtsforderungen niederschlagen, die den Rahmen verantwortbarer politischer Ordnung sprengen. Gerade auch in dieser Situation einer notwendigen Erweiterung der Menschenrechte geht es darum, daß die weltliche Ordnung nicht gleichsam religiöse Funktionen zugeschoben bekommt.

In diesem Zusammenhang ist darum dringend zu diskutieren, worin der spezifische Beitrag der Kirchen über die Unterstützung und Förderung allgemeiner Menschenrechtsforderungen hinaus zu sehen ist. Auch für die Kirchen besteht Anlaß, von einer produktiv erneuernden Aufgabe der Religion zu sprechen. Das würde bedeuten, dem Gedanken Raum zu geben, daß Religionsfreiheit nicht nur eine der historischen Wurzeln der modernen Menschenrechte ist, sondern auch eine Zukunftsaufgabe. Denn eine aktiv wahrgenommene und gestaltete Religionsfreiheit, im Sinne der Vertiefung und lebendigen Erneuerung und Realisierung der Gottesbeziehung entscheidet auch über die Zukunft der Menschenrechte mit. Jedenfalls werden die Kirchen sich nicht nur als moralische Verstärker von ohnehin geforderten Menschenrechtskatalogen begreifen dürfen und nur im Dienste eines vorhandenen öffentlichen Konsensus agieren. Sie müssen aus eigenen Gründen und um ihrer eigenen Sache willen für die Erneuerung der Grundlagen eintreten, die die Unterscheidbarkeit zwischen dem, was den Menschen zu tun aufgetragen ist, und dem, was die Menschen nur empfangen können, bewußt hält und immer neu bewußt macht. Die geistigen und ethischen, die wahrhaft humanen Grundlagen der Menschenrechte werden brüchig, sie verlieren ihren verbindlichen Gehalt als Kriterium menschlichen Handelns, wenn das religiöse Wissen darum nicht erneuert wird, warum der Mensch der Anerkennung einer Würde bedarf, über die weltliche Instanzen nicht verfügen.

Ich fasse diesen Diskussionsbeitrag thetisch im folgenden zusammen:

(1) Die Fortbildung der Menschenrechte wirft eine Frage für das Rechtsverständnis auf: gegenüber der traditionell dominierenden protektiven Funktion des Rechtes muß die produktive Funktion des Rechtes gestärkt werden.

(2) Das gilt vor allem in Richtung auf die Gewährung und Formulierung von Menschenrechten für schwache, unselbständige, abhängige Bürger und Menschen, die sich ihr Recht nicht selbst nehmen können.

(3) Die produktive Funktion der Menschenrechte tritt darüber hinaus als Aufgabe hervor, wo es über die nationale und innerstaatliche Ordnung von Menschenrechten hinaus um die übernationale und außerstaatliche Anerkennung von Menschenrechten geht. Menschenrechte sind das Element einer neuen internationalen Ordnung.

(4) Für die Zukunft der Menschenrechte ist es wesentlich, daß die Kirchen nicht nur einen vorhandenen Menschenrechtskonsensus stärken und unterstützen, sondern ihren eigenen Verkündigungsauftrag für die Erneuerung der Kräfte der Religion ernst nehmen; denn die Gründe, warum eine Würde des Menschen über die vorhandenen Ordnungen hinaus und als Kriterium für sie anerkannt werden soll, müssen im Wissen um die Gottesgemeinschaft des Menschen erneuert werden.

Constantin Voicu

Die Rumänische Orthodoxe Theologie und die Menschenrechte

Jürgen Moltmann sagt in seinem Referat, daß ihm seitens der Orthodoxen Kirche keine Erklärung zu den Menschenrechten bekannt ist. Diesbezüglich möchten wir zeigen, daß die Hierarchen und Theologen der Rumänischen Orthodoxen Kirche schon seit 30 Jahren viele Beiträge zu diesem Thema veröffentlicht haben. Wir erwähnen insbesondere das umfassende Werk des Patriarchen Justinian, »Das Soziale Apostolat« (1948–1971), die »Moral-theologischen Studien« des Metropoliten Nicolas Mladin von Ardeal (1949–1969), die Beiträge der Professoren D. Stănislaus, I. Zăgrean, I. Bria usw. und den Syntheseband »De la théologie roumaine des origines à nos jours« (1974).

Das aus der christlichen Liebe strömende soziale Apostolat wurde im 4. Jahrhundert vom Heiligen Basilius dem Großen verwirklicht. Es stellt ein Hauptmerkmal der Rumänischen Orthodoxen Kirche dar und findet seine Anwendung unter den neuen Lebensbedingungen der Gläubigen und insbesondere unter den neuen gesellschaftlichen Verhältnissen in unserem Lande, die nach dem Zweiten Weltkrieg viele Umänderungen erfahren haben.

Die Rumänische Orthodoxe Kirche erkennt den moralischen Wert der Prinzipien an, auf denen die Ethik der sozialistischen Gesellschaft in unserem Lande fußt. Freiheit, Gleichheit, Brüderlichkeit, Friede unter den Völkern, Unabhängigkeit aller Nationen, vielseitige Entwicklung der Persönlichkeit, die Bedeutung ihrer gesellschaftlichen Eingliederung, die Bedeutung der Arbeit für das allgemeine Wohl, die Bedeutung der gesunden Familienverhältnisse, der sozialen Gerechtigkeit, der Vaterlandsliebe usw. Durch die Vorschriften des »Sozialen Apostolates« unterstützt die Rumänische Orthodoxe Kirche die Bemühungen unseres Staates, die auf den vielseitigen Fortschritt des rumänischen Volkes und aller Völker der Welt zielen.

Die rumänische orthodoxe Theologie ist eine Theologie aller Gläubigen, sie wird nicht nur von einer Elite getragen, und darum wurde sie von dem ganzen Volk Gottes der Rumänischen Orthodoxen Kirche angenommen und bejaht. Trotz alter Anfänge, befindet sie sich noch in ihrer Jugendzeit und hegt die Hoffnung, die Unvollkommenheit ihrer Jugend zu überwinden, um ihren Bau nach dem hochgeschätzten Muster der Kirchenväter zu errichten.

Von hier ausgehend betrachtet die rumänische orthodoxe Theologie im Rahmen ihrer ökumenischen Beziehungen die anderen christlichen Theologien offen, ohne Vorbehalt, da sie überzeugt ist, daß die Theologie wieder einheitlich werden muß, denn so ist Christus, und so ist die Menschheit.

Von diesem Geist belebt, wünscht die Rumänische Orthodoxe Kirche, daß ein jeder Gläubige in seiner eigenen Kirche nach der Fülle des apostolischen Glaubens trachtet, die in seinem kirchlichen Dasein ihren Ausdruck findet. Dadurch wird jeder Glaubende in seiner eigenen Kirche zur Bereicherung des anderen und somit zur Vertiefung des gemeinsamen Glaubens beitragen.

Die Entwicklung der auf die Menschenrechte zielenden ökumenischen Tätigkeit, wie sie so getreu von Jürgen Moltmann dargestellt wurde, entspricht unserer Meinung nach der rumänischen orthodoxen Theologie um so mehr, als im letzten Stadium dieser Entwicklung die Haltung der rumänischen orthodoxen Theologie in Betracht gezogen wurde. Ich möchte nur die Tatsache betonen, daß in der Rumänischen Orthodoxen Kirche die Notwendigkeit des gemeinschaftlichen Geistes auf allen Gebieten der Theologie hervorgehoben wird, wobei man davon ausgeht, daß der Kommunikationsgedanke einen Grundzug des Christentums darstellt. Hier muß man unterstreichen, daß das Christentum die Person gewiß hochschätzt und nach ihrer Erfüllung trachtet, es stellt aber die Person in die Gemeinschaft und ihre Verwirklichung vollzieht sich in der Gemeinschaft. Aus diesem Grunde müssen auch die Menschenrechte, der rumänischen orthodoxen Theologie entsprechend, nicht aus einem isoliert-individualistischen, sondern aus einem allgemein gesellschaftlichen Gesichtspunkt betrachtet werden.

Wir möchten noch hinzufügen, daß die rumänische orthodoxe Theologie, was die Menschenrechte anbelangt, keine Prioritäten kennt, obwohl sie die überragende Bedeutung der Grundrechte anerkennt. Es ist die Rede von den Grundrechten auf Leben, Freiheit, Gleichheit, Brüderlichkeit, Gerechtigkeit, dem Recht auf Arbeit und auf deren Erzeugnisse. Politische, bürgerliche und öffentliche Rechte werden von den erwähnten Grundrechten abgeleitet, sie sind deren Konsequenzen und Anwendungen im gesellschaftlichen Leben.

Das erste und zugleich ursprünglichste Recht des Menschen ist sein Recht zu leben, also auf Existenz, das ihm ein für alle mal von Gott bei der Schöpfung gegeben wurde. Dieses Recht geht allen anderen Rechten voran und deswegen stellt seine Nichteinhaltung die größte Verletzung der rechtlichen und ethischen Ordnung dar. Die christliche Lehre hat dem menschlichen Leben dadurch Sinn und Wert verliehen, daß sie dem Gläubigen erlaubte, die Fülle seiner Würde als Geschöpf Gottes zu verwirklichen. Darum haben Kirchenväter wie Clemens von Alexandrien, Basilius der Große, Theodoret und andere so tatkräftig den Wert des menschlichen Lebens sowohl angesichts des jenseitigen als auch des irdischen Lebens behauptet. Die rumänische orthodoxe Theologie hat den Vorrang des Lebens allen vergänglichen Gütern gegenüber anerkannt und seine Bedeutung nicht nur in eschatologischer Hinsicht unterstrichen. Vielmehr trachtet sie danach, seine Bedeutung für die Gesellschaft und die Menschheit im allgemeinen hervorzuheben und stellt sich somit in den Dienst der großen Ideale der Menschheit. Der Glaube, daß Christus das Leben und die Quelle des Lebens darstellt, reicht nicht aus. Wir müssen uns selber bemühen, das Leben wieder zu suchen, es zu erhalten, alles zu bekämpfen, was es gefährdet, als seine Diener es ständig verbessern und vervollkommnen. Das heißt, ein beständiger Kampf gegen den Krieg und die Einschränkungen, die durch den Rassismus dem Recht auf Leben der einzelnen und der Völker gesetzt werden.

Für das Christentum bedeutet die Freiheit in erster Linie die innere Freiheit von der Sünde und von dem Triebhaften im Menschen, von allem dem, was zeitlich und vergänglich ist. Durch sein Kreuzopfer hat der Herr den Menschen aus der Knechtschaft der Sünde befreit, in der er sich aus Adams Tagen befand; dadurch konnte der Mensch ein freies Wesen werden, dessen innere Freiheit im Geiste Vorbedingung aller anderen Freiheitsformen darstellt. Nachdem diese innere Freiheit des Geistes verwirklicht wird, kann man von einem neuen Menschen, von einem neuen Geschöpf sprechen, das, nach Paulus, nicht mehr in Knechtschaft, sondern in tatsächlicher Freiheit lebt. Dieser neue Mensch gewährleistet nicht nur seine eigene Freiheit und seine eigenen Menschenrechte, sondern bemüht sich auch um die Freiheit und die Menschenrechte seiner Mitmenschen. Von dieser Auffassung über die innere und äußere Freiheit als Ausdruck des christlichen Lebensideals ist das Christentum in seinem Kampf gegen die Sklaverei ausgegangen. Darüber hinaus widersetzt sich die christliche Lehre einer jeden Form materieller oder geistiger Verknechtung des Menschen. In ihrem Kampf für die Durchsetzung des Freiheitsprinzips haben die Rumänische Orthodoxe Kirche und zahlreiche Christen aus dem Westen den Kampf gegen kolonialistische Versklavung, um die Befreiung der Völker und um die Befestigung ihrer Unabhängigkeit unterstützt. Auf diesem Wege der Wahrheit und des Fortschritts fordern die orthodoxen, katholischen und protestantischen Theologen aus unserem Land die Kleriker und Gläubigen auf, Gottes Willen zu vollführen und den Forderungen der Geschichte zu entsprechen, damit sich alle Völker der Erde der Freiheit, Gerechtigkeit, Gleichheit, Brüderlichkeit und des Friedens erfreuen.

Der christliche Gleichheitsbegriff geht von der Tatsache aus, daß alle Menschen vor Gott gleich sind, daß sie alle nach seinem Bilde geschaffen wurden. In der gesellschaftlichen Ordnung verliert die Gleichheit ihren rein theoretischen Charakter, sie wird zu einer konkreten, tatsächlichen Gleichheit. Das Christentum hat sich ständig der Ungleichheit widersetzt, weil dieses mit der Eigenschaft der Menschen, Kinder desselben Vaters und wahre Geschwister in Christus zu sein, (Kol. 3,26–29) unvereinbar ist. Diesem Recht auf Gleichheit entspringt das Prinzip der Gleichheit, das Prinzip der Solidarität, der Gemeinschaftlichkeit und verschiedene andere Prinzipien, die für den Verlauf des sozialen Lebens wesentlich sind. Für den

Rassismus bestehen unter den Menschen von Natur aus entscheidende Unterschiede, und eben diese Wesensungleichheit, die zur Zeit seines Erscheinens verschiedene andere Formen einnahm, hat das Christentum durch seine neuen Freiheits- und Brüderlichkeitsgedanken aller Menschen beseitigt. Von der Auffassung des Heiligen Justin über jenen »Logos spermatikos« ausgehend, der die positiven Werte aus allen Religionen erklärt, kommt man zum Gedanken einer Einheit des Geistes, die auf ein und derselben menschlichen Natur fußt und zu der göttlichen Fürsorge in Zeit und Raum im Verlauf der Geschichte. Alle Menschen sind also untereinander gleich, sowohl in ihrer psychisch-physischen Natur als auch in ihrer Eigenschaft, Gottes Kinder zu sein. In der Bergpredigt hat Jesus eine weite Sicht eröffnet, derentsprechend alle Menschen vor Gott gleich sind.

Aus dem Gleichheitsgedanken aller Menschen als Kinder Gottes leitet man auch den Gedanken ihrer Brüderlichkeit ab, da sie alle Kinder desselben Vaters sind. Ihre Beziehungen untereinander müssen von brüderlicher Liebe geprägt sein, so daß ein jeder in seinem Nächsten einen Bruder sieht. Alle Menschen bilden eine große Familie Gottes, in der alle gleichberechtigte Geschwister sind. So empfanden die Gläubigen der frühen Kirche, und die christliche Liebe beschränkte sich damals nicht nur auf die Christen, sondern umfaßte auch die anderen Menschen.

Die Orthodoxe Kirche hat bis heute diesen Weg beibehalten. In unserer Zeit aber ist die Brüderlichkeit unter den Menschen zu einer Lebensnotwendigkeit geworden. In der sozialistischen Gesellschaft hat man dieser Notwendigkeit entsprochen, indem die objektiven Grundlagen dieser Brüderlichkeit durch die Beseitigung der materiellen Grundlage der Ungleichheit und des Egoismus gelegt wurden. Von der Überzeugung ausgehend, daß offenbare Beweggründe für eine vollkommene Solidarität unter den Menschen gegeben sind, setzt sich die Kirche ununterbrochen dafür ein, daß die Solidaritätsbeziehungen zwischen den Menschen und Völkern gefestigt und erweitert werden, sie bemüht sich, ihnen den Fortschritt bis zu jener höchsten und weitesten Ebene der auf Liebe und brüderlichem Dienst begründeten Solidarität zu ermöglichen. In der Seele des Christen nimmt die Gleichheit eine spezifische Form an: Die Form der Brüderlichkeit, durch die wir in unserem Nächsten einen Bruder sehen und ihn als solchen schätzen. Diese Brüderlichkeit widersetzt sich der Verachtung, dem Chauvinismus und Rassismus, sie kann sich also sowohl auf dem Gebiet persönlicher Beziehungen als auch auf jenem des soziopolitischen Lebens entfalten.

Der Mensch ist durch die Schöpfung ein gesellschaftliches Wesen und benötigt deswegen ein natürliches Recht, das dem Willen Gottes entstammt. Dieses natürliche Recht ist ein Bestandteil der moralischen Ordnung, was ihm, so wie dem menschlichen Recht, seinen Charakter, seine Kraft und seinen normativen Wert verleiht. Die christliche Moral betrachtet die Gerechtigkeit als Grundlage der sozialen Ordnung, die von dem natürlichen Recht ausgeht. Die Gerechtigkeit ist die beständige Einstellung der menschlichen Geschöpfe – oder der ganzen Gesellschaft – einem jeden das zu geben, was er eben verdient, also das Richtige tun, damit die soziale Ordnung verwirklicht und beibehalten werden kann, wobei die einzelnen Personen und die gesamte Gesellschaft das Ziel erreichen, das sie sich gesetzt haben. Die christliche Liebe ist mit dem Pazifismus nicht gleichzusetzen, sie ist ein Kampf um die Gerechtigkeit gegen die Ungerechtigkeit. Sie beschränkt sich nicht nur auf das Vergeben, sondern bestraft auch, um zu verbessern, denn die Strafe, die am Anfang betrübt, bringt schließlich den Frieden der Gerechtigkeit. So lange also Ungerechtigkeit auf dieser Erde waltet, also einige von anderen unterjocht werden, vermengt sich die Menschenliebe mit dem Haß gegen solche Ungerechtigkeiten, so daß die wahre Brüderlichkeit unter den Menschen nur nach der Beseitigung der Ungerechtigkeit verwirklicht werden kann, nur dann kann die Liebe wahrhaftig aufblühen und schrankenlos das menschliche Leben beherrschen.

Ein anderes Grundrecht des Menschen ist das Recht auf Arbeit. Im Christentum hat die Arbeit eine vom Göttlichen her verstandene Bedeutung (Gott arbeitet, der Mensch – nach Gottes Bilde geschaffen – arbeitet auch; durch seine Arbeit ähnelt der Mensch Gott und arbeitet mit ihm zusammen auf dem Weg der Vervollkommnung der Schöpfung. Die Arbeit ist ein Dienst an Gott, wenn wir »wie und für Gott arbeiten«), sie besitzt eine gesellschaftliche Bedeutung (durch die Arbeit schafft die Gesellschaft die Kultur und Zivilisation; die Arbeit des einzelnen spielt eine gesellschaftliche Rolle, sie ist ein Dienst an der Gesellschaft) und eine persönliche Bedeutung (die Arbeit ist der Ausdruck der Persönlichkeit und ein Mittel zu ihrer Vervollkommnung, zur Verwertung der Talente; die Arbeit ist ein Mittel im Kampf gegen die Sünden und zur Festigung der Tugenden). In einem jeden Arbeiter ist Christi Antlitz sichtbar. Die christliche Lehre stellt die Arbeitspflicht auf (2 Thes 3,10) und impliziert damit eine gesellschaftliche Ordnung, in der ein jeder Mensch arbeiten kann und in der ein Recht auf Arbeit anerkannt wird. Daraus folgt, daß überall dort, wo das Recht auf Arbeit nicht beachtet wird, wo die Arbeiter nicht arbeiten können, Ungerechtigkeit waltet. Das Christentum muß solche Verhältnisse bekämpfen. Die Verweigerung des Anrechts eines jeden Arbeiters auf die Erzeugnisse seiner Arbeit und auf den Ertrag wird von der Kirche als eine schwere Sünde betrachtet (Mk 10,7; Jak 5,4). Die christliche Lehre verurteilt gleichzeitig jede Entziehung des dem Arbeiter gebührenden Ertrags, mit anderen Worten eine jede Ausbeutung des Menschen durch den Menschen.

Vor Gott und den Menschen sind die Kirchen verpflichtet, neue Dienstformen an den Menschen zu finden, damit der kollektive Egoismus beseitigt wird, der an allen kollektiven Mängeln wie Kriege, Unterdrückung, Hungersnot, Elend usw. schuld ist, so daß die Menschen ihre riesigen Möglichkeiten in den Dienst des allgemeinen Wohls stellen. In den letzten zwanzig Jahren haben unsere theologischen Arbeiten eine deutliche Haltung gegen die Unterdrückung des Menschen durch den Menschen und die gesellschaftliche Ungleichheit eingenommen. Sie hat eine neue gesellschaftliche Ordnung befürwortet, die auf Gerechtigkeit fußt, in der die Arbeiter nicht mehr ausgebeutet werden und in der die Bedingungen für die Verwirklichung von Freiheit, Gleichheit, Brüderlichkeit für die Verbesserung ihres Lebensniveaus und für den allgemeinen Fortschritt gegeben sind.

Wir sind bis jetzt auf die Grundrechte des Menschen eingegangen, die Zahl der Menschenrechte ist aber viel größer, und die Rumänische Orthodoxe Kirche schätzt sie alle und bewertet sie in gleichem Maße.

Die christliche Moral hat sich zu allen Zeiten mit dem Sinn und dem Wert des menschlichen Daseins beschäftigt, weil dieses etwas von Gott nach seinem Bilde Geschaffenes ist. Wegen der sich daraus ergebenden Überlegenheit des Menschen über alle anderen Geschöpfe, ist es leicht zu verstehen, warum eine so große Zahl von Kirchenvätern behauptet hat, daß der Kosmos für den Menschen und der Mensch für Gott geschaffen wurde. Nach der christlichen Auffassung ist der Mensch, als Ebenbild Gottes, dazu berufen, zur Ähnlichkeit mit Gott zu gelangen, so wie Jesus Christus.

Jedes menschliche Wesen hat in sich das Gepräge des Gottesbildes. Deswegen sind wir überzeugt, daß wir nicht nur eine humanitäre Tätigkeit, sondern auch eine heilige Tat erfüllen, wenn wir danach streben, die menschliche Würde hochzuhalten. Als Ebenbild Gottes ist der Mensch der Ausdruck der höchsten in der Welt existierenden Werte. Dieser Wert des Menschen kommt zur Erscheinung durch die beträchtliche Kraft seines Geistes, durch die Kraft seines freien Willens über die ganze Welt, durch gesicherte, unbestreitbare Souveränität und die Anstrengung seiner Tugenden, besonders der Liebe, um zur Ähnlichkeit Gottes zu gelangen. Der Mensch ist der herrlichste Schmuck in der Welt, und niemand kann ihn von seinem ihm von Gott bestimmten Platz entthronen.

Unabhängig von ihrer Herkunft sind alle Menschen nach dem Ebenbild Gottes geschaffen; sie sind vervollkommnungsfähig und der Hochachtung wert. Hier ist die Quelle und die Bürgschaft aller menschlichen Rechte in dieser Welt.

Ein Blick in die Werkstatt: Auszüge aus dem Konferenzprotokoll

Aus dem Gespräch über das Referat von Peter Saladin:

RENDTORFF: Ich würde gern dieses Gespräch sich an einem Punkte intensivieren sehen. Sie haben jetzt in der Erläuterung noch einmal in sehr schönen Wendungen die Wandelbarkeit der Menschenrechte und ihren kontingenten Charakter betont. Und zum Schluß haben Sie ausdrücklich wiederholt, daß es keine Hierarchie beziehungsweise Rangfolge innerhalb der Menschenrechte gebe. Dazu habe ich eine Frage: Ist das wirklich so? – Im ersten Teil Ihres Referates sagten Sie, nach traditioneller Auffassung gälten die defensiven Menschenrechte als *die* Menschenrechte, während sich die modernen Juristen auf die sozialen Menschenrechte hinbewegten. Ich frage: Liegt in dieser Entwicklung eine notwendige Abfolge? Bleibt es nicht auch bei aller Expansion von sozialen Menschenrechten so, daß die Defensive, das heißt der Schutz vor staatlichem Eingriff grundsätzlich das Primäre ist und daß die übrigen Menschenrechte daraus folgen? Oder würden Sie sagen, diese Entwicklung beziehungsweise Abfolge sei rein zufällig? Meiner Meinung nach sind die historisch gesehen ursprünglichen, also die defensiven Menschenrechte, auch systematisch von primärer Bedeutung. Dies bedeutet nicht, daß man die verschiedenen Gruppen von Menschenrechten gegeneinander wertet, sondern daß nach der Logik der Menschenrechte die Freiheitsrechte als primär vorausgesetzt werden müssen. Enthüllt also nicht die historische Entwicklung eine systematische Logik im Verhältnis der Menschenrechte zueinander? Dies verbindet sich für mich mit der anderen Frage, ob es im Blick auf das Gesagte für die Theologie egal ist, wo sie einsetzt, beim Folterverbot oder bei der sozialen Sicherheit ausländischer Arbeitnehmer, um es beispielhaft zu verdeutlichen. Ihre Ansicht hierzu wäre mir sehr wichtig. Ein weiterer Gedanke Ihres Beitrages beschäftigt mich ebenfalls: Sie haben gesagt, die Menschenrechtskultur sei kontingent in dem Sinne, daß die Fundamente, aus denen diese Rechte hervorgegangen sind, heute keine Fundamente mehr darstellen. Damit meinen Sie wohl vor allem die aufgeklärte, liberale angelsächsische Philosophie. Carl Braaten hat in seinem Beitrag Ähnliches noch intensiver behauptet: Die gegenwärtige Übereinstimmung über die Menschenrechte wurde weitgehend dadurch erreicht, daß man über die historische Bedeutung des christlichen Gewissens nachdachte ...« wobei er dann fortfährt, »obwohl im Westen alle Spuren dieser historischen Verbindung mit dem christlichen Glauben ausradiert sind und durch den Einfluß der Aufklärung und den Prozeß der Säkularisation.« Gerade im Falle von christlichen Kirchen und ihrer Theologie frage ich mich, ob es im Blick auf gegenwärtige Aufgaben gut ist, Traditionszusammenhänge überhaupt für bedeutungslos anzusehen.

SALADIN: Über diese Fragen bin ich froh. Gewisse Dinge habe ich teilweise auch in polemischer Absicht gesagt, und dabei sind dann manche Anliegen untergegangen. Also zunächst zur Frage, ob man nicht auch die Verbindung zu den historischen Begründungen beachten sollte? – Da haben Sie natürlich recht. Wir können und sollen diese Begründungszusammenhänge nicht abbrechen lassen. Auch politisch wäre dies nicht gerechtfertigt, denn die Tradition ist ja nun auch auf politischer Ebene außerordentlich präsent. Unsere heutigen Staatswesen in den USA und Westeuropa sind ebenfalls natürlich – etwas überspitzt gesagt – die Produkte des 18. Jahrhunderts. Also dürfen wir schon aus diesem Grund die Brücken nicht einfach abbrechen. Aber wir müssen doch auch sehen, und da würde ich nun am wenigsten das nuancieren, was ich in meinem Referat behaupte, daß jene Philosophien, welche die Menschenrechte einst trugen, daß jene Fundamente irgendwie brüchig geworden sind und daß sie für sich genommen nicht mehr die ganze Stützarbeit zu leisten vermögen. Das könnte man im einzelnen zeigen. Zwar bin ich kein Ökonom und verfüge nur über beschränkte Kenntnisse in der Ideengeschichte der Volkswirtschaftslehre, aber lassen Sie mich gleichwohl einen Hinweis auf Adam Smith hier einflechten. Wenn wir an ihn denken und an die Kultur des ökonomischen Egoismus, dann wird doch ein eklatanter Widerspruch zu dem sichtbar, was Carl Braaten uns zum Grundgebot der Nächstenliebe vorgetragen hat. Dieses Grundgebot ist am Du, Adam Smith hingegen ist am Ich orientiert. Vielleicht deute ich Adam Smith hier zu einseitig, aber soviel wird doch sichtbar: Die alten Fundamente tragen nicht mehr vollständig.

Damit komme ich zur ersten Frage von Trutz Rendtorff, zu den Prinzipien der Zuordnung einzelner Typen von Menschenrechten. Ich möchte meinen, daß es keinen ein für allemal festgefügten Block von Menschenrechten gibt in dem Sinne etwa, daß wir sagen müßten, die UN-Konventionen hätten auch in 1000 Jahren noch so wie heute auszusehen. Das ist nicht möglich. Sehr viel schwieriger hingegen ist die andere Frage, ob es nicht einen inneren Kern der heute gültigen Menschenrechte gibt, der bleiben muß und dem in diesem Sinne so etwas wie ein Anspruch auf Ewigkeitsgültigkeit zukommt. Da wäre etwa das Recht auf Leben, das Recht, nicht gefoltert zu werden usw. Sicher würde ich dazu rechnen, vielleicht an erster Stelle, das Recht, meinen Glauben frei zu äußern. Ich neige dazu, einen derartigen »Kern« anzuerkennen, muß allerdings beifügen, daß damit eben nur allergröbste Grundsätze aus der Kontingenz herausgenommen sind. Daß gerade das Recht auf Leben, was seine Konturen anbelangt, eminent kontingent ist, das wissen wir natürlich. Ich brauche nur die Stichworte »Euthanasie« und »Abtreibung« zu erwähnen, die Probleme am Ende und am Anfang des Lebens.

Was nun den möglichen Zusammenhang zwischen der historischen Entwicklung der Menschenrechte und ihrer inneren Logik beziehungsweise ihrer Systematik anbelangt, so hätte ich große Bedenken gegenüber der Annahme eines notwendigen Entwicklungsablaufes. Sicher war es in der westlichen Welt so, daß sich die sozialen Rechte mit einer gewissen Folgerichtigkeit auf der Grundlage der früheren Freiheitsrechte herausgebildet haben. Weil man nämlich einfach gemerkt hat, daß die am Ende des 18. und im 19. Jahrhundert gewährleisteten Rechte überhaupt nur einer kleinen Minderheit von Leuten zugute kam. Beispielsweise hat es die Autoren der Declaration of Independence offenbar nicht gestört, daß die »Equality« nur für einen Teil der Menschen galt. Und irgendwann mußte das einfach zum Durchbruch kommen, daß dies alleine so nicht stehen gelassen werden kann. Im westlichen Bereich entwickelten sich also die sozialen Rechte mit einer gewissen Folgerichtigkeit aus den Freiheitsrechten. Aber betrachten wir nun irgendwelche Entwicklungsländer. Da würde ich sagen, daß der Prozeß vielleicht genau umgekehrt verlaufen ist oder verlaufen muß. Man könnte es mit Brecht hier ganz burschikos ausdrücken: »Zuerst kommt das Fressen und dann die Moral.« Ich glaube, in diesem Satz steckt eben doch eine tiefe Weisheit. Ich würde es als vermessen, ja geradezu arrogant ansehen, irgendwelchen extrem benachteiligten Gruppen in Entwicklungsländern zu sagen, »Ihr müßt Euch zunächst Freiheit vom Staat sichern, Meinungsfreiheit usw., das ist viel wichtiger als alles andere.« Solange sie nicht genug zu essen haben, solange sie ihre »basic needs« nicht erfüllt haben, glaube ich, ist es vermessen, mit solchen ideellen Grundrechten, mit solchen Freiheitsansprüchen überhaupt noch unter die Menschen zu kommen. Also ich glaube, in gewissen Teilen der Welt verläuft die Entwicklung notwendig, und zwar gerade aus christlicher Sicht notwendig, ganz anders und darum mindestens in historischer Sicht im Ablauf wirklich kontingent. Das Endprodukt sollte dann eben, wenn man einen festen Kern der Menschenrechtsgewährleistung annehmen sollte, dann irgendwann einmal konvergieren.

RENDTORFF: Zu Ihrer letzten Ausführung kann man, Herr Saladin, große Zweifel äußern. Dann kann man auch sagen, multinationale Konzerne sorgen dafür, daß die Leute etwas zu essen bekommen, ohne Selbstbestimmung zu erlangen. Es zeigt doch die Erfahrung, daß die politische Unruhe der Entwicklungsländer gerade dadurch zustande kommt, daß man dort zu Recht sagt, Selbstbestimmung sei wichtiger oder primär gegenüber der Versorgung mit Lebensmitteln.

MOLTMANN: Selbstbestimmung in diesem Zusammenhang bedeutet die nationale Abkopplung eines Entwicklungslandes vom Entwicklungsschema der westlichen Welt, nicht die persönliche Selbstbestimmung des einzelnen Menschen. So jedenfalls lauten die Äußerungen, die sich bei Menschenrechtskonferenzen aus dem südlichen Teil der Welt kommend artikulieren. Carl Braaten hat in seinem Referat gesagt, Gerechtigkeit beziehe sich auf die Armen und Rechtfertigung auf die Sünder. Diese Situationsbezogenheit, glaube ich, bestimmt auch die jeweilige Priorität gewisser Menschenrechte. Menschenrechte darf man nicht bloß affirmativ für sich selbst verstehen. Sie beinhalten auch ein prophetisches Element, das kritisch gegen die besonderen Defizite einer bestimmten Situation zur Geltung gebracht werden muß. Im Blick auf unsere Tradition und Situation liegt die Priorität in der Schaffung sozialer Menschenrechte. In den sozialistischen Ländern besteht die Priorität – unter Voraussetzung der sozialen Menschenrechte – in der Entwicklung individueller Freiheitsrechte und in den armen Ländern geht es vor allem um den Schutz fundamentaler Vitalrechte. Und dies würde man verdecken, wenn man den Ablauf der abendländischen Geschichte zum Maßstab der weiteren Entwicklung der Menschenrechte überhaupt macht. Gehört es nicht zur Universalität der eigenen Aussagen, die eigene Partikularität am Anfang und am Ende deutlich kenntlich zu machen? In unserer westlichen Entwicklung ist das so geschehen, wie sie das darstellen, Herr Rendtorff, und da ist es dann auch nicht so ganz beliebig. Man muß von seinen Beständen ausgehen und kann nicht einfach sagen, jetzt machen wir's mal anders.

Aber in anderen Gegenden, da war es schon anders. So gibt es eine Entwicklung von Menschenrechtsgedanken in der chinesischen Kultur, in der japanischen Kultur, überall eigentlich, wo in einer Kultur ein Wort geprägt wird, das den »Menschen« bezeichnet, nicht nur den Stammesgenossen und den Stammesfeind. In dem Augenblick, wo das Wort »Mensch« geprägt wird, müssen allgemeine Charakteristika vom Menschen und damit auch Menschenrechte gedacht sein.

RENDTORFF: Dies würde doch gerade dafür sprechen, daß es in der inneren Struktur der Menschenrechte zwar keine Hierarchie, aber doch eben ein Erstes und ein Zweites gibt. Wir haben jetzt über recht verschiedene Dinge gesprochen. Ich bin ganz Ihrer Meinung, daß man in unterschiedlichen Kontexten sicher auch in unterschiedlicher Weise theologisch über die Menschenrechte reden muß, je nachdem etwa, ob gehungert wird oder gefoltert wird oder keine Freiheit besteht. Das sind Fragen der Realisierung von Menschenrechten im Plural. Aber wenn man sich jetzt fragt, welche Voraussetzungen in jedem Falle gemacht werden müssen, damit ich überhaupt einen Grund habe, mich für die Menschenrechte einzusetzen, dann muß ich doch sagen, die Voraussetzung besteht darin, daß der Mensch nicht im Vorhandenen aufgeht, daß es insofern eine Menschenwürde gibt, die eine unbedingte Verpflichtung thematisiert. Wenn man an den Streit zwischen den individuellen Freiheitsrechten und den sozialen Rechten denkt, dann wird es besonders deutlich, weil er ja gelegentlich als Streit zwischen den Ideologien geführt wird: Die Westlichen treten für die Freiheitsrechte und die Kommunisten für die gesellschaftlichen Rechte ein. Im Blick auf die beiden muß doch deutlich sein, daß es überhaupt keine Gesellschaft oder Rechtsordnung gibt, die völlig über den Menschen verfügt. Insofern meine ich, daß jedenfalls in einem theologischen Sinne Freiheit ein »prius« ist gegenüber allen anderen konkreten denkbaren wie ausformulierten Menschenrechten.

MOLTMANN: Freiheit ist dann für Sie die Freiheit des Individuums.

RENDTORFF: Ja, in einem letzten emphatischen Sinne die Freiheit des Individuums!

MOLTMANN: Das halte ich für eine Fehlentwicklung, die in der westlichen Welt eingetreten ist. Freiheit ist dann nämlich eine Funktion des Eigentums. McPherson hat in seinem Buch sehr schön gezeigt, was dann die individuelle Freiheit bedeutet: Ich bin mein eigener Herr, ich kann über mich selbst verfügen. Damit ist Freiheit eine Funktion des Eigentums, während vorher in den sozialen Gemeinschaften, in denen die Menschen gelebt und gearbeitet haben, Freiheit eine soziale Beziehung war zu anderen *Menschen* und nicht Verfügungsrecht über das, was ich mein Eigentum nenne. Da setzen dann auch Hegel, Marx usw. wieder ein, indem sie sagen, daß Freiheit doch in der Anerkennung des anderen besteht und also eine soziale Beziehung ist und nicht eine Funktion von Eigentum darstellt. Und daraus entsteht dann die Entwicklung der sozialen Menschenrechte. Im historischen Entwicklungsrückblick heißt dies, daß vor dieser Freiheit als individuellem Recht, als Funktion von persönlichem Eigentum, die sozialen Menschenrechte formuliert waren in den Gesellschaften, die diesen kapitalistischen Gesellschaften vorangingen.

RENDTORFF: Aber Herr Moltmann, der Gedanke der Individualität ist doch nicht eine Erfindung des 18. Jahrhunderts. Das ist doch Augustin. Wenn ich vom Individuum spreche, spreche ich eine ganz bestimmte Möglichkeit an, aber die Unterscheidbarkeit des Menschen von der vorhandenen, vergehenden Welt ist doch im theologischen Sinne die Konstitution seiner Individualität. Dies bedeutet ja nicht Asozialität. Individualität in religiösem, theologlischem Verständnis ist ja auch ein Beziehungsverhältnis.

MOLTMANN: Bei Personalität ja. Können wir uns denn nicht darauf einigen, in dem Zusammenhang von Personalität zu reden, denn Personalität ist sozial bezogen. Individuum dagegen ist doch das, was ich nicht mehr teilen kann an mir.

RENDTORFF: Dem kann ich nicht zustimmen. Der Gedanke der Individualität ist immer auch anders verwendet worden, als Sie es gerade getan haben. Anders auch als in Ihrem Argument, in welchem Sie sagen, »auf die soziale Beziehung kommt es an«. Zur sozialen Beziehung bedarf es ja immer einiger, die sie bilden. Worauf es nach meinem juristischen wie theologischen Verständnis ankommt, ist, daß die Gesellschaft nicht mehr ist, als die sie bildenden Personen. Ein denkbares Ergebnis wäre sonst, daß die Gesellschaft auch, wer immer dann die Kompetenz dafür in Anspruch nimmt, über sie verfügen kann. Daß das nicht eintreten kann, daß also der Beziehungscharakter von Sozialität gewahrt wird, dafür muß doch eine Unterscheidbarkeit zwischen der Sozialität und dem sie bildenden Menschen existieren. Und die kann nur religiös sein. Können wir uns nicht auf der Linie treffen?

MOLTMANN: Nein, treffen sicher nicht! Aber verstehen kann ich Sie wohl. Aber finden Sie denn, daß die soziale Beziehung sekundär ist gegenüber der Personalität oder Individualität?

RENDTORFF: Jede empirische Beziehung ist sekundär, alldieweil der Mensch zu unendlich vielen sozialen Beziehungen fähig ist, und darum auf keine bestimmte festgelegt werden kann.

MOLTMANN: Ja gut, das setzt aber den Mann ohne Eigenschaften voraus. Die soziale Beziehung ist ebenso ursprünglich wie die personale. Die Personalität und die Gottesbildlichkeit, die das transzendente Element ausmachen, zeigt sich nicht nur in meiner Individualität, sondern ebenso in meiner Sozialität. Wenn anders dieser Gott ein Dreieiniger Gott ist, bildet sich die Gottesebenbildlichkeit nicht bei jedem für sich alleine sondern in ihrer Beziehung zueinander.

Aus dem Gespräch über Trutz Rendtorffs Beitrag:

SALADIN: Ich habe eine Frage zu Ihrem Referat: Sie sagen, daß die Gewaltenteilung und die Unterscheidung von Grundrechten und Gesetzgebungskompetenzen in der Struktur des säkularen Verfassungsstaates die Art und Weise sind, wie die reformatorische Unterscheidung von geistlichem und weltlichem Regiment durch die Struktur des Staates eingeholt werden kann. Wie darf man dieses verstehen?

RENDTORFF: Die Unterscheidung von geistlichem und weltlichem Regiment besagt in Kurzfassung: Im geistlichem Regiment wird das Evangelium verkündet für den Menschen, und zwar das, was er nur empfangen kann, was er nicht durch Handeln verwirklicht, was ihm also die Voraussetzung ist, wovon er lebt. Das Evangelium ist der Zuspruch der Gnade Gottes, der Rechtfertigung. Im weltlichen Regiment geht es darum, wozu er in der Welt gerufen ist, mit seiner Verantwortung einzustehen und mitzuzwirken am Handeln Gottes. Dieses mutatis mutandis bedeutet nun für den Staat: die Grundrechte formulieren für den Staat diejenige Vorraussetzung, auf die er seine Hand nicht legen darf, was ihm vorausgesetzt ist: nämlich das Leben der Bürger, das ihm gegeben ist, über das er aber nicht verfügt. Die Gesetzgebungskompetenz, die davon unterschieden ist, ist sein eigentlicher Berufsbereich. Insofern formulieren die Grundrechte diejenigen Grundvoraussetzungen, die der Staat nicht hervorbringt, sondern die ihm vorausgesetzt sind, und schützen mutatis mutandis die Sphäre, die in der Zwei-Regimenten-Lehre gemeint ist mit dem »geistlichen Regiment«, wo allein Christus regiert und niemand sonst. Und das Bindeglied ist für mein Verständnis folgendes: Der nicht säkulare Staat, das heißt der traditionale Staat, empfängt seine Legitimation davon, daß die Fürsten von Gott eingesetzt sind (vgl. Röm. 13). Der moderne Verfassungsstaat ist dadurch charakterisiert, daß der Staat aufgrund einer Ordnung ist, welche die Menschen selbst machen, eine Verfassung, die sie sich selbst geben, nicht Gott. Alle Gewalt geht vom Volk aus. So bleibt nun die Frage, die der moderne Verfassungsstaat beantworten muß: Wie wird der Unterschied noch relevant zwischen dem, was vorausgesetzt ist, und dem, was durch konstruktives Handeln gemacht werden kann? Dieses Problem, daß nicht mehr Gott im Regimente sitzt, sondern daß der Mensch selbst es macht, wird im modernen Verfassungsstaat dadurch gelöst, daß er an sich selbst die Unterscheidung macht, zwischen dem, was er voraussetzen muß, Grundrechte, und dem, worüber er verfügt. Insofern hat man in diesen Gegensätzen eine Rekonstruktion der traditionalen Legitimation, in der Gott ausdrücklich eine Rolle spielt, als derjenige, der die Ordnung einsetzt, im modernen Verfassungsstaat, sofern er seine eigene Grenze sieht.

SALADIN: Ich frage mich eben, ob diese Unterscheidung nötig ist und was damit gemeint ist. Wenn wir nämlich davon ausgehen, daß der Staat eine Funktion von Gott hat, und wenn dann auch Teile dieses Staates an der Hervorbringung dieses Staates beteiligt sind, dann würde ich eben sagen, daß der Staat die Aufgabe hat, das Prinzip Menschenwürde, um es eimal so zu sagen, immer wieder neu zu verwirklichen. Der Staat hat diese Aufgabe. Wie er das dann tut, ob er die Gewährleistung von subjektiven individuellen Rechten in der Verfassung garantiert oder in einer entsprechenden Gesetzgebung, das ist dann mehr eine Frage des einzelnen Sachgebietes und zweitens verschiedener anderer Dinge. Das ist eher sekundär. Also warum unbedingt diese Unterscheidung?

RENDTORFF: Weil der Staat die Menschenwürde nicht verwirklichen kann. Er kann sie nur gestalten, aber verwirklichen in dem Sinne, daß sie erst und nur durch den Staat wirklich würde, das genau ist ein falsches Verständnis des Staates. Dann würde der Staat etwas tun wollen, was er gerade nicht kann. Menschenwürde im vollen Sinne ist in jedem Falle etwas, was er voraussetzen muß. Der Staat kann, im hohen Sinne, die Menschenwürde überhaupt nicht verwirklichen, so daß er sie also auch nicht zerstören kann. Dann wären wir ja letzten Endes, was unsere Menschlichkeit anginge, völlig vom Staat abhängig. Das aber ist ja gerade nicht der Fall, und soll auch nicht der Fall sein. Also: Politische, rechtliche Verwirklichung der Menschenrechte ist immer sekundär, kann also nur Gestaltung einer Aufgabe sein, die an eine Voraussetzung gebunden ist, über die der Staat nicht verfügt. Die Würde des Menschen ist nicht vom Staat abhängig.

SALADIN: Ich glaube aber, ein Stück weit muß er sie doch verwirklichen. An einem kleinen Beispiel kann ich das zeigen. Das deutsche Oberste Verfassungsgericht hat im Schwangerschaftsabbruch-Urteil gesagt: Der Staat ist verpflichtet, das Leben zu schützen, und wenn es eben nicht anders geht, dann muß er das ungeborene Leben durch Strafgesetze schützen. So ist es also ein konkreter Auftrag an den Staat, dafür zu sorgen, daß das ungeborene Leben, außer in gewissen Fällen, nicht zerstört wird. Ich glaube eben, daran sieht man, daß es ohne den Staat, ein Stück weit eben, nicht geht. Sie können statt »Staat« auch

»Gemeinschaft« sagen, sie können auch sagen »die anderen Menschen«, »die organisierten anderen Menschen«. Um so wichtiger ist es zu sehen, daß der Staat doch diese Aufgabe hat und daß er immer wieder auf diese Aufgabe hin orientiert werden muß.

Konferenzergebnisse und Empfehlungen

1. Zum Verständnis der Menschenrechte

a) Menschenrechte sind Konkretisierungen der Menschenwürde. Aber die Menschenwürde erschöpft sich nicht in formulierten und definierten Menschenrechten. Sie verweisen auf eine letzte Unverfügbarkeit des Menschen; sie verpflichten Staat und Gesellschaft zu einer bestimmten Verantwortung für den Menschen. In diesem Sinne sind Menschenrechte (wie sie etwa in den beiden internationalen Pakten von 1966 enthalten sind) auf die Erfüllung von »basic needs« gerichtet und dienen dem Zweck, daß der Mensch sein Leben verantwortlich vor Gott und vor seinen Mitmenschen gestalten kann.

b) Der Begriff der Menschenrechte, wie er heute in rechtlichen Instrumenten, politischen Auseinandersetzungen und wissenschaftlichen Publikationen verwendet wird, ist nicht eindeutig. Fest steht jedoch, daß sich der Komplex der international und einzelstaatlich (jeweils sehr unterschiedlich) anerkannten Menschenrechte in verschiedene Kategorien aufgliedern läßt: in Schutzrechte (Recht auf Leben und körperliche Integrität, Verfahrensrechte etc.), Freiheitsrechte (Religions-, Meinungsäußerungs-, Versammlungsfreiheit, etc.), Sozialrechte (Recht auf Arbeit, auf Wohnung, auf Bildung, auf soziale Sicherheit, etc.), Partizipationsrechte (Recht auf Mitwirkung an staatlichen und an nicht-staatlichen Entscheidungen). Auch andere Gliederungen sind denkbar: so läßt sich unterscheiden zwischen Rechten, welche vorwiegend auf individuelle Ausstattung oder Betätigung gerichtet sind, und Rechten, welche vorwiegend die Betätigung in der

Gemeinschaft oder die Existenz und die Selbstbestimmung von Gemeinschaften sichern wollen(»Sozialrechte« in einem besonderen, abweichenden Sinn).

c) Die Frage muß weiter diskutiert werden, wie das Verhältnis zwischen den verschiedenen Kategorien von Menschenrechten zu bestimmen ist. So ist besonders zu fragen, ob die sogenannten Freiheitsrechte in einem elementaren Sinn die Grundlage aller anderen Menschenrechte darstellen, auch wenn in der empirisch-historischen Wirklichkeit bestimmte soziale Rechte sehr wohl als vorrangig gelten können. Es ist also zu fragen, ob das Verhältnis zwischen den verschiedenen Kategorien im Sinne der Komplementarität oder im Sinne einer »unbedingten« Rangfolge zu sehen sei. Dazu kommt, daß sich ein »engerer Kreis« unverzichtbarer Menschenrechte ausmachen läßt: so besonders das Recht auf Leben, das Folterverbot, die Religionsfreiheit (vgl. 1e).

Werden sämtliche Menschenrechte als grundlegende Sicherungen verantwortlicher Lebensgestaltung gedeutet, so müssen die verschiedenen Kategorien im Verhältnis der Komplementarität gesehen werden: dies ist unser vorläufiges Ergebnis. Geistige Freiheit nützt dem nichts, der verhungert. Umgekehrt ist verantwortliche Lebensgestaltung nicht möglich ohne hinreichende persönliche Freiheit und ohne hinreichende Möglichkeit der Mitwirkung an Entscheidungen, welche den Menschen zentral betreffen. Die praktische Bedeutung der einzelnen Menschenrechte ist aber eben je nach historischer Situation verschieden: In einem bestimmten Land kann zu einer bestimmten Zeit der Kampf für Freiheitsrechte besonders dringend sein, in einem andern der Kampf für bestimmte Sozialrechte.

d) Ein besonderes Problem, das weiterer Erörterung bedarf, ist die Bewährung der Menschenrechte gegenüber allen Mächten, die sie bedrohen: gegenüber staatlicher Macht zuerst, aber auch gegenüber privaten Mächten. Die Menschenrechte müssen die Staaten veranlassen, ihre gesamte Rechtsordnung menschenwürdig zu gestalten; insofern kommt ihnen gestaltende und nicht nur abwehrende Wirkung zu, auch wenn sie die staatliche Rechtsordnung nicht ein für allemal und bis ins Detail festlegen können.

e) Die Menschenrechte sind in zunehmendem Umfang Gegenstand internationaler Rechtssetzung. Ihre Verwirklichung ist damit nicht mehr einfach »innere Angelegenheiten« der Staaten. Die Staaten sind aber damit aus der Aufgabe des Menschenrechts-Schutzes nicht entlassen: Sie haben im Gegenteil die international anerkannten Menschenrechte in einer auf ihre spezifische Situation ausgerichteten Weise selbst zu gewährleisten und hinreichende Mechanismen zu ihrer Durchsetzung bereitzustellen und ständig zu verbessern; die Kirchen sollten sich dafür mit aller Entschiedenheit einsetzen, zum Beispiel für eine präzisere Fassung des Folterverbots und für ein verbessertes Instrumentarium zu seiner Durchsetzung. Den Staaten darf es nicht erlaubt sein, den »harten Kern« des Menschenrechtskomplexes auch nur zeitweilig außer Kraft zu setzen, auch nicht im Krieg oder in anderen Notständen (vgl. Art. 4 der UN-Konvention über bürgerliche und politische Rechte, Art. 15 EMERK).

II. Der theologische Zugang zu den Menschenrechten

a) *Zum Verhältnis von säkularem Charakter und theologischer Begründung der Menschenrechte*

1) Bei der Rede vom säkularen Charakter der Menschenrechte ist zu beachten, daß säkular nicht nur »weltlich« als Gegenbegriff zu geistlich meint, sondern daß säkular vor allem auch »weltweit gültig« bedeutet. Die Rede vom säkularen Charakter der Menschenrechte meint also nicht die Freigabe der Menschenrechte an eine gottlose Welt durch die Theologie, sondern vielmehr ihre weltweite Gültigkeit als Ausgangspunkt theologischer Begründung.

2) Trotz des weltweit sich vollziehenden Versuches, die Menschenrechte faktisch zur Gültigkeit zu bringen, ist ein theoretisches Legitimationsdefizit zu konstatieren. Die Ideen des Humanismus, die im 17. und 18. Jahrhundert die Menschenrechtsgedanken in Westeuropa und Amerika geprägt und vorangetrieben haben, sind in eine Krise geraten, vor allem ihrem anthropologischen Optimismus können wir heute nicht mehr anhängen.

3) Zu dem Legitimationsdefizit kommt heute eine Legitimationskonkurrenz hinzu. Die in Blöcke aufgeteilte Welt stellt verschiedene Ansätze zur Begründung und zum Verständnis von Menschenrechten bereit. In der von realen Interessenkonflikten gespaltenen Welt muß nach den Menschenrechten gefragt werden, wenn die Menschen überleben wollen.

4) In diesem Zusammenhang hat eine christlich theologische Begründung der Menschenrechte eine Begründung zu sein, die auf Kooperation angelegt ist, die also die

weltweite Geltung der Menschenrechte fördert, nicht aber durch einen Absolutheitsanspruch in der Begründung einschränkt. Eine christliche Begründung der Menschenrechte hat im Dialog mit anderen Begründungsversuchen eine Relationierung ihres Standpunkts vorzunehmen.

Die Durchsetzung der Menschenrechte setzt die Überzeugung von der fundamentalen Richtigkeit und Wichtigkeit der Menschenrechts-Idee bei verantwortlichen Behörden und bei engagierten Gruppen und Individuen voraus. Zur Heranbildung und Weiterbildung solcher Überzeugung hat die theoretische Ergründung der Menschenrechte, und damit auch und besonders ihre theologische Begründung, einen wesentlichen Beitrag zu leisten.

b) *Theologische Zugänge zu den Menschenrechten*

1) Alle theologischen Erklärungen zu den Menschenrechten gründen in der christlichen Anthropologie der Gottebenbildlichkeit des Menschen: In seiner Bestimmung zur Gottebenbildlichkeit liegt die unabtretbare Würde des Menschen. Unabhängig von ihren Fähigkeiten und Leistungen haben alle Menschen die gleiche Menschenwürde und eine gemeinsame Hoffnung: Die Bestimmung zur Gottebenbildlichkeit soll in der Gottähnlichkeit vollendet werden.

2) Unter dieser gemeinsamen Voraussetzung finden wir verschiedene Wege zu den Menschenrechten: Der eine Ansatzpunkt geht von der Schöpfung des Menschen aus und findet die Quellen für Erkenntnis der Menschenwürde und der fundamentalen Menschenrechte in der Geschichte des natürlichen Gesetzes der Humanität. Dabei gibt die Erkenntnis Christi das Kriterium für die Aufnah-

me der geschichtlich vorgegebenen Entwicklung der Natur- und Menschenrechte her.

Der andere Ansatzpunkt geht von der Erfahrung des Bundes Gottes mit seinem Volk aus und findet in der biblisch bezeugten Geschichte des Bundes die Würde und die fundamentalen Rechte des Menschen exemplarisch dargestellt. Der neue Bund in Christus offenbart endgültig Gottes Gerechtigkeit und des Menschen Rechtfertigung.

Ein weiterer Ansatzpunkt setzt bei dem Ergebnis der Rechtfertigung des Menschen durch Gottes Gnade als Grund seiner Freiheit an und geht von da aus auf die Verantwortung des Menschen in der Welt für den Nächsten zu.

3) Für weitere theologische Forschung und Diskussion nennen wir drei Punkte: 1. das Verständnis der Gottebenbildlichkeit des Menschen und 2. das Verhältnis von Rechtfertigung des Sünders und Reich Gottes. 3. das Verhältnis zwischen einer Theologie der Schöpfung und dem Naturrecht.

Ist der Mensch als imago Dei das imago Trinitatis und muß er als imago Trinitatis als ein soziales Wesen verstanden werden?

Steht die Rechtfertigung des Sünders durch das Evangelium der Gnade im umfassenden Kontext des Evangeliums vom Reich Gottes für die Armen, Leidtragenden, Unterdrückten, Kranken usw.?

4) Der Kampf um die Erkenntnis und Durchsetzung der Menschenrechte findet statt in einer Welt, die nicht mehr Gottes gute Schöpfung und noch nicht das Reich Gottes ist. Darum sind die formulierten Menschenrechte immer polemisch gegen Verletzungen der Würde und gegen

Zerstörungen der Rechte des Menschen gerichtet. Wir teilen nicht den humanistischen Optimismus der Aufklärung, in dessen Geist die Menschenrechte in Europa und Amerika zuerst formuliert worden sind.

Weil der Mensch Ebenbild Gottes und Sünder zugleich ist, formulieren wir die Menschenrechte im Widerspruch zu den bestehenden Unmenschlichkeiten dieser Welt. Wir verstehen die Menschenrechte als einen Weg und einen Kampf für die Würde und die Freiheit des Menschen und lehnen alle Zukunftsprojekte ab, die die Würde und die Freiheit des Menschen preisgeben. Im Kampf für die Menschenrechte entstehen überall zugleich auch die Pflichten, für eine menschenwürdige und überlebensfähige Welt zu arbeiten.

Empfehlungen

Wir empfehlen
- eine Fortsetzung des internationalen Dialogs über die theologische Begründung und die Wege zur Konkretisierung und Realisierung der Menschenrechte,
- eine Fortsetzung und Ausweitung des interdisziplinären Gesprächs über Menschenrechte nicht nur mit Juristen, sondern auch mit Soziologen, Psychologen etc.,
- den Beginn eines interreligiösen Gesprächsprozesses über Menschenrechte, etwa mit dem Islam,
- die Suche nach Wegen für eine Partizipation der Kirchen an der Fortbildung der Menschenrechte sowie der menschenrechtserheblichen Gesetzgebung,
- die Aufarbeitung der Vorbehalte, welche die einzelnen Konfessionen in ihrer Geschichte gegenüber den Menschenrechten geltend gemacht haben.

ANHANG

Günter Krusche

Die Einheit zwischen sozialen und individuellen Menschenrechten*

I

Am 10. Dezember 1978 wurde die »Allgemeine Erklärung der Menschenrechte« dreißig Jahre alt. Genauso lange währt der Streit über die Interpretation der Menschenrechte.

Schon die Arbeit der UNO-Menschenrechtskommission war durch unterschiedliche Auffassungen über die Zuständigkeit der UNO in Sachen Menschenrechte, die Kompetenz der Nationalstaaten und den Rechtsstatus der Individuen gekennzeichnet. Die Sowjetunion und die ihr nahestehenden Staaten legten Wert auf die Feststellung, daß die einzelnen Staaten im konkreten Fall mit der Wahrnehmung der Menschenrechte zu betrauen seien. Nach dieser Auffassung kann das Individuum nicht Subjekt des Völkerrechts sein; auch kann die UNO keine rechtliche Zuständigkeit besitzen. Deshalb könne sich niemand direkt auf dem Petitionswege an die Vereinten Nationen wenden. Für dieses Verständnis ist der Gedanke der Souveränität der Nationalstaaten bestimmend. Die UNO als »Gemeinschaft der Völkerfamilie« kann erst auf

* Gastvorlesung, gehalten am 27. September 1978 in Aarhus.

den Plan treten, wenn ein Grad von Menschenrechtsverletzungen erreicht ist, der den Weltfrieden bedroht.

Dagegen haben die westlichen Alliierten, vor allem die USA, immer wieder geltend gemacht, daß die UNO eine dauernde Verantwortung für die Respektierung der Menschenrechte besitze, so daß daraus ein Recht zum Eingreifen abgeleitet werden könne. Dahinter steht die Auffassung, daß das Völkerrecht nicht nur auf die einzelnen Staaten, sondern auch auf die Individuen bezogen und angewandt werden muß. In der Konsequenz dieses Verständnisses liegt es, daß die »Europäische Konvention zum Schutz der Menschenrechte und Grundfreiheiten« von 1950 Einzelpersonen erlaubt, gegen ihren Staat vor den Organen des Europarates als Kläger aufzutreten. Damit tritt das Individuum als Rechts-Person gleichberechtigt neben die Staaten. Wenn sich diese Auffassung durchsetzte, erhielte das Völkerrecht »eine Doppelnatur: Es ist sowohl Staatenrecht wie auch Humanrecht«[1]. Diese bisher nur auf westliche Staaten beschränkte Tendenz unterstreicht einmal mehr den Individualaspekt der herkömmlichen Menschenrechtsauffassung, die ja im wesentlichen dem abendländischen Geschichtshorizont entstammt.

In den westlichen Demokratien werden Menschenrechte vor allem als Freiheitsrechte verstanden, durch die der einzelne Bürger vor Übergriffen seitens des Staates und anderer gesellschaftlicher Größen geschützt wird. Die Geschichte der Menschenrechte in der Neuzeit belegt dieses Verständnis aufs genaueste. Aufklärung, Emanzipationsbewegung und der Kampf religiöser Minderheiten

[1] E. Menzel, Das Völkerrecht und die politisch-soziale Grundstruktur der modernen Welt, in: G. Picht, C. Eisenbart (Hg.), Frieden und Völkerrecht, Stuttgart 1973, 446.

um Anerkennung und Toleranz sind die wesentlichen Quellen, aus denen der Gedanke der universalen Menschenrechte sich speiste. Da dieses Verständnis der Menschenrechte hier als bekannt vorausgesetzt werden darf, möchte ich die sozialistische, genauer: die in den sozialistischen Ländern Europas vertretene Auffassung etwas ausführlicher darstellen.

In den sozialistischen Staaten stehen die Gleichheitsrechte im Mittelpunkt, durch die Rechtsgleichheit, Chancengleichheit und sozialer Schutz gewährt werden. Die Geschichte des Sozialismus vermag zu erklären, wie es zur besonderen Unterstreichung dieser Rechte kam: durch das Fehlen angemessener sozialer Sicherungen für den »vierten« Stand, das Proletariat. Bei dieser Betrachtungsweise steht der soziale Aspekt der Menschenrechte im Vordergrund.

Die sozialistische Interpretation der Menschenrechte ist nur vom marxistischen Menschenbild her verständlich. Danach ist der Mensch auch als Individuum von den gesellschaftlichen Verhältnissen bestimmt. Er kann sein Menschsein nicht aus sich selbst heraus und für sich selbst allein verwirklichen, sondern stets nur in der Beziehung zu seiner gesellschaftlichen Umwelt. An dieser Stelle sei an Karl Marx' bekannte Definition des menschlichen Wesens erinnert: »Das menschliche Wesen ist kein dem Individuum innewohnendes Abstraktum. In seiner Wirklichkeit ist es das Ensemble der gesellschaftlichen Verhältnisse.«[2] Diese Definition ordnet auch die Moral dem sozialen Aspekt unter. Das Streben des Menschen zum Guten kann nicht ohne die Gesellschaft, auf die sein Handeln bezogen ist, definiert werden, es hat darum auch immer eine soziale

[2] MEGA Bd. 3, 6: Thesen über Feuerbach.

und politische Dimension. Freiheit des einzelnen muß darum stets auf die objektiven Gesetzmäßigkeiten in der Gesellschaft wie auf die sozialen Rechte der anderen Individuen bezogen sein. Schrankenlose Freiheit kann es per definitonem nicht geben. Diese Sicht des Menschen macht die eigene Akzentsetzung im marxistischen Menschenrechtsdenken verständlich.

Diese Auffassung läßt sich auch an der Neuauflage des Philosophischen Wörterbuches von Georg Klaus und Manfred Buhr[3] belegen. Während in früheren Auflagen der Sachverhalt »Menschenrechte« unter dem Stichwort »Grundrechte« abgehandelt wurde, ist den Menschenrechten jetzt in der 11. Auflage von 1975 ein umfangreicher eigener Beitrag gewidmet, freilich unter weitgehender Aufnahme des bisherigen Textes. Auch in diesem Beitrag ist die Bezugnahme auf das marxistische Menschenbild und die marxistische Geschichtsauffassung unübersehbar: »Insofern ist der Weg zum Sozialismus der Weg zu den Menschenrechten«[4]. Interessant ist ferner, daß Menschenrechte nicht als universale und allgemeine Rechte dargestellt werden, sondern stets auf die sozialistische Gesellschaft bezogen definiert werden. Sie werden »sozialistische Bürgerrechte« genannt: »Sozialistische Bürgerrechte sind nicht unhistorische Rechte, die einem jeden zu allen Zeiten und in allen Situationen zustehen. Sie basieren vielmehr auf einer Gesellschaftsprognose, deren Erkenntnisse in Rechtsnormen transformiert sind«[5]. »Die sozialistischen Bürgerrechte normieren die Freiheit der Persönlichkeit gemäß den gesellschaftlichen Notwendigkeiten und den materiellen Notwendigkeiten, indem sie jeden

[3] Philosophisches Wörterbuch, hg. von Klaus und M. Buhr, Berlin 1969[6], 1975 11.
[4] a.a.O., 1975, 782.
[5] ebd.

einzelnen zur Teilnahme an den wichtigsten Formen der gesellschaftlichen Tätigkeiten – Fähigkeiten entwickeln sich durch Tätigkeiten – berechtigen und verpflichten.« Und: »Der Inhalt aller Grundrechte im Sozialismus wird weder charakterisiert durch eine staats-(oder gesellschafts-)freie Sphäre, in der der einzelne seiner privaten Willkür nachgehen kann, noch durch ein Gängelband, das den einzelnen an eine zentrale Entscheidungsmaschine kettet, die ihm jeden Schritt auf dem Weg zur Persönlichkeitsentfaltung vorschreibt. Sozialistische Grundrechte sind weder eine Schranke zwischen Individuum und Gesellschaft noch negieren sie die Individualität des einzelnen«[6]. Individuum und Gesellschaft sind also einander zugeordnet. »Daher ist die Grundrechtsverwirklichung weder Privatangelegenheit des einzelnen noch Gnadenakt des Staates«[7]. »Die sozialistischen Bürgerrechte sind keineswegs ein Bündel zusammenhangloser Rechte des Individuums; sie sind ein Katalog von verbindlichen Verfassungsrechten auf Anerkennung der wesentlichen Entwicklungsbedingungen aller Menschen. Da die Freiheit des einzelnen eingebettet ist in die Freiheit der Gesellschaft, ist das nationale Selbstbestimmungsrecht das erste aller Menschenrechte, und die Grundrechte aller Bürger sind die auf den einzelnen bezogene Volkssouveränität.« »In dem wohlabgestimmten System sozialistischer Bürgerrechte vereinigen sich a) ökonomische, b) kulturell-ideologische und c) politische Rechte. Diese Bürgerrechte bedingen sich gegenseitig, gehen vielfach ineinander über, und sind erst in ihrer Totalität das sozialistische Menschenrecht.«[8] Ein wesentlicher Gedanke ist dabei der

[6] a.a.O., 782f.
[7] a.a.O., 783.
[8] ebd.

Zusammenhang von Bürgerrechten und Bürgerpflichten; »Keine Rechte ohne Pflichten, keine Pflichten ohne Rechte« (Karl Marx)[9]. Die Menschenrechte sind »unveräußerlich, denn niemand kann sich von seinen staatsbürgerlichen Pflichten lossagen oder auf seine Rechte verzichten«[10].

Im Vordergrund sozialistischer Bürgerrechte stehen daher vor allem das *Recht auf Arbeit,* das *Recht auf Bildung* und das *Recht auf Regierung* (im Sinne von Mitbestimmung). Bei dieser Aufstellung fällt auf, daß der universale Aspekt der Menschenrechte zugunsten des sozialistischen Verständnisses weniger betont wird als in dem erwähnten »westlichen« Menschenrechtsverständnis. Der Grund für diese Begrenzung ist in der von der marxistischen Ideologie geprägten neuen Definition, die sich bewußt von der überkommenen »kapitalistischen« abhebt, zu suchen, erklärt sich aber auch aus der für marxistische Geschichtsauffassung gegebenen Situation des »Klassenkampfes«, aus der Auseinandersetzung zwischen »Kapitalismus« und »Sozialismus«. Für ein Denken in »antagonistischen Gegensätzen« muß jede universale Deutung der Menschenrechte als Aufweichung der »Klassengegensätze« oder ideologische Unterwanderung durch den »Klassenfeind« erscheinen. So erweist sich gerade auch hier wieder, daß die ideologische Deutung ihrerseits wieder von historischen bzw. politischen Gegebenheiten bestimmt wird. Wir werden diesem Problem noch begegnen.

Es ist kein Zufall, daß durch das Ernstnehmen der Probleme der Dritten Welt eine neue Kategorie bei der

[9] MEGA 16, 521.
[10] Philosophisches Wörterbuch (Anm. 3), 1975, 783.

Beschreibung von Menschenrechten aufgetaucht ist: die sogenannten Basisrechte. Der Begriff ist meines Wissens zuerst auf der Konsultation des ÖRK in St. Pölten (21.–22. Oktober 1974) geprägt worden. »Die Gruppe empfand sehr deutlich, daß alle Menschenrechte sozialer, wirtschaftlicher, religiöser oder politischer Art miteinander verknüpft sind und zueinander in Beziehung stehen. Sie müssen deshalb als ein Ganzes genommen werden; die Kirchen sollten jedem einzelnen dieser Rechte das gleiche Gewicht beimessen und die Anwendung aller dieser Rechte anstreben.«[11]

Die V. Vollversammlung des ÖRK in Nairobi (23. 11. bis 10. 12. 1975) hat diese Terminologie ausdrücklich aufgenommen und den Katalog dieser »grundlegenden Rechte« den Mitgliedskirchen zum Studium empfohlen. Diese Grundrechte sind: Das Grundrecht auf Leben; die Rechte auf Selbstbestimmung, auf kulturelle Identität und die Rechte von Minderheiten; das Recht auf Mitbestimmung innerhalb der Gemeinschaft; das Recht des Andersdenkenden; das Recht auf die Würde jedes einzelnen; die Religionsfreiheit[12]. Hier liegt also schon ein Versuch vor, den Gegensatz von individuellen und sozialen Menschenrechten zu überwinden.

Auch die neueren Überlegungen in der katholischen Kirche haben sich von einer einseitig individualistischen Deutung der Menschenrechte und der Freiheit zu einer ausgewogeneren Sicht hin entwickelt. Das wird an der »Botschaft über Menschenrechte und Versöhnung« deutlich, mit der die römische Bischofssynode im Oktober

[11] Das Recht auf Leben und Arbeit: Die grundlegenden sozialen, wirtschaftlichen und kulturellen Rechte. Schlußbericht der Arbeitsgruppe A., in: Die Welt wartet auf die Verwirklichung der Menschenrechte (epd-Dokumentation Nr. 5/75), 47.

[12] Bericht aus Nairobi 75, Frankfurt/M. 1976, 76–81.

1974 an die Öffentlichkeit trat. Fünf grundlegende Bereiche der Menschenrechte werden genannt: (1) Das Recht auf Leben, (2) das Recht auf Nahrung, (3) die sozioökonomischen Rechte, (4) die politischen und kulturellen Rechte, (5) das Recht auf Religionsfreiheit[13].

Die teilweise Übereinstimmung mit dem St. Pöltener Katalog darf nicht überraschen, da es im Felde der sozialen Verantwortung und der Entwicklung langjährige Kontakte und gemeinsame Aktivitäten gibt. Vorwärtsweisend sind solche Formulierungen vor allem darum, weil sich in ihnen eine ganzheitliche Sicht des Menschen und der Gesellschaft andeutet und die Einheit zwischen sozialen und individuellen Menschenrechten erkennbar wird. Auf diesem Weg könnten falsche Alternativen überwunden werden. Offensichtlich gibt es grundlegende Menschenrechte, ohne deren Gewährung weder Freiheits- noch Gleichheitsrechte wahrgenommen werden können.

Der Überblick macht deutlich, daß die unterschiedliche Interpretation der Menschenrechte auf unterschiedlichen gesellschaftlichen Bedingungen beruht. Aber auch die Verwirklichung formal bereits gewährter Rechte unterliegt den jeweiligen gesellschaftlichen Bedingungen. Während in einem sozialistischen Land der Staat tatsächlich die ökonomische Möglichkeit besitzt, das Recht auf Arbeit zu verwirklichen, verfügen bürgerlich-demokratische Staaten oft nicht einmal über das rechtliche Instrumentarium, solche Rechte durchzusetzen, ganz zu schweigen von den ökonomischen Möglichkeiten. So muß bei der Diskussion über die Verwirklichung der Menschenrechte der jeweilige gesellschaftliche (politische, soziale, juristische) Kontext berücksichtigt werden. Das bloße Bestehen auf der

[13] Herder-Korrespondenz 28, 1974, 624.

formalen Anerkennung bestimmter Rechte dient weder den Menschen noch ihrem Recht.

II

Trotz unterschiedlicher Interpretation ist nun aber die gemeinsame Inanspruchnahme der Menschenrechte nicht zu übersehen. Deshalb darf auch die Kodifizierung »universaler Menschenrechte« in einer Deklaration nicht unterschätzt werden. Die Konventionen von 1966 (Konvention über Bürgerrechte und politische Rechte, Konvention über wirtschaftliche, soziale und kulturelle Rechte) markieren darüber hinaus einen Fortschritt in der Verbindlichmachung universaler Menschenrechte. Die Ratifizierung durch Staaten unterschiedlicher Gesellschaftsordnung macht deutlich, daß den Menschenrechten mehr als eine nur moralische Autorität zuerkannt wird. Auch wenn unterschiedliche Rechtsauffassungen hinsichtlich der Positivierung der Menschenrechte bestehen (s. o.), erheben doch alle Staaten den Anspruch, in ihrem Bereich die Menschenrechte – wie immer sie auch im einzelnen definiert werden mögen – zu respektieren. Die einzige mir bekannte Ausnahme ist Südafrika, wo aufgrund der Apartheidsgesetze bestimmte Menschenrechte ausdrücklich von rassischen Voraussetzungen abhängig gemacht werden.

Damit erhebt sich aber die Frage, was das Gemeinsame ist, auf das von den unterschiedlichsten ideologischen Voraussetzungen her und unter den unterschiedlichsten politischen Bedingungen Bezug genommen wird. Befragt man die jeweils verschiedenen Menschenrechtsauffassungen genauer auf ihre Gemeinsamkeiten, lassen sich drei Grundelemente erkennen:

(1) Freiheits- und Schutzrechte:

Sie sind dem Ideal der »Freiheit« verpflichtet. In ihnen wird vor allem das Individuum gegenüber dem Staat geschützt. Historisch gesehen, entstammen die Menschenrechte dem Streben des neuzeitlichen Menschen nach Selbstverwirklichung und nach persönlicher Freiheit. Nicht zufällig wird diese Gruppe der Menschenrechte von der Publizistik in den Vordergrund gerückt. In ihnen wird das Selbstverständnis des abendländischen Menschen vor allem artikuliert.

(2) Gleichheitsrechte:

Sie wollen das Ideal der »Gleichheit« im sozialen Bereich verwirklichen helfen und verbieten die Diskriminierung aufgrund von Rasse, Geschlecht, sozialer Herkunft, Sprache, Religion usw. In den sozialistischen Gesellschaftssystemen stehen diese Rechte im Blickpunkt des Interesses. Auch sie sind einem bestimmten Menschenbild zugeordnet.

(3) Teilhaberechte:

Sie wollen die Teilnahme und Mitbestimmung am gesellschaftlichen Leben gewährleisten. In der DDR wird dieser Komplex treffend durch die Formel umschrieben: »Arbeite mit, plane mit, regiere mit!« Das Recht auf Bildung und das Recht auf Information gehören in diesen Bereich.

Die politische Realität ist freilich davon bestimmt, daß in den verschiedenen Gesellschaftssystemen aufgrund ideologischer Voraussetzungen jeweils unterschiedliche Akzente gesetzt werden, so daß die anderen Aspekte scheinbar völlig in den Hintergrund treten, eine Gemeinsamkeit aber nicht erkennbar wird. Oft kommt es dann zur Polarisierung der politischen Auseinandersetzung, wie es in der Formel: »Freiheit oder Sozialismus« der Fall war.

Demgegenüber ist darauf zu achten, daß die drei Grundelemente zu einer »Grundfigur des Menschenrechts« verbunden werden, wie es Heinz Eduard Tödt[14] immer wieder gefordert hat. Auch wenn Menschenrechte konkret nur partiell verwirklicht werden, müssen die einzelnen Elemente zueinander in Beziehung gesetzt werden. Selbst dort, wo vor allem die individuellen Menschenrechte geltend gemacht werden, sind soziale Beziehungen stets mitgesetzt, weil Freiheit im jeweils gegebenen Spielraum zu verwirklichen ist. Auf der anderen Seite werden zum Beispiel in der DDR »Menschenrechte – eine Klassenfrage«[15] genannt; dennoch bleibt im Blick, daß auch der Klassenkampf letzten Endes im Interesse des Individuums und zu seinem Wohl geführt wird: »Das Ziel sozialistischer Bürgerrechte ist weder der vereinzelte einzelne außerhalb der Gesellschaft noch der Untergang der Individualität in der Masse.«[16] Weil das Ziel wahrer Menschlichkeit und umfassender Menschenwürde jede gesellschaftliche Wirklichkeit transzendiert, mahnt die »Grundfigur des Menschenrechts« daran, über den Teilen das Ganze nicht zu vergessen. In einer Zeit ideologischer Polarisierung und politischer Blockbildung ist dies eine notwendige Mahnung. Der universelle Charakter der Menschenrechte erzwingt eine umfassende Interpretation.

[14] Z. B. in: Theologische Reflexion zu den Grundlagen der Menschenrechte – Fragen und Thesen. LWB-Konsultation über die Theologie der Menschenrechte (epd-Dokumentation über die Theologie der Menschenrechte (epd-Dokumentation Nr. 42/766f.; vgl. auch W. Huber/H. E. Tödt: Menschenrechte. Perspektiven einer menschlichen Welt, Stuttgart-Berlin 1977.)

[15] E. Poppe, Menschenrechte – eine Klassenfrage, Berlin 1971.

[16] Philosophisches Wörterbuch (Anm. 3), 783.

Die einzelnen Aspekte verhalten sich nicht ausschließlich zueinander; sie bedingen einander vielmehr.

Ein Beispiel für die gemeinsame Inanspruchnahme der Menschenrechte bei unterschiedlicher Interpretation gibt die Konferenz für Sicherheit und Zusammenarbeit in Europa (KSZE). Diese Konferenz war in allen ihren Phasen – marxistisch gesprochen – von den »antagonistischen Gegensätzen zwischen Kapitalismus und Sozialismus« bestimmt. Die Teilung Europas in »Ost« und »West« drückte auch den Beratungen ihren Stempel auf. Ein an den Freiheitsrechten orientiertes politisches Wollen sah in der Konferenz vor allem eine Möglichkeit zur Erweiterung persönlichen Spielraums für die Menschen im geteilten Europa und war darum bereit, auch die Fragen politischer Entspannung und Sicherheit ins Spiel zu bringen. Auf der anderen Seite, bei den sozialistischen Staaten, von denen auch die Initiative zu dieser Konferenz ausgegangen war, standen die politischen Probleme (»Für Entspannung und dauerhaften Frieden in Europa«) von vornherein an erster Stelle, während die Fragen von »Korb drei« (»Zusammenarbeit in humanitären und anderen Bereichen«) nur zögernd und nicht ohne Besorgnis aufgenommen wurden. Hier kam wieder das schon erwähnte Mißtrauen gegenüber jeder Form politischer Einmischung in »innere Angelegenheiten« zum Ausdruck, und die politischen Ereignisse seit der Unterzeichnung der Schlußakte am 1. August 1975 haben bewiesen, daß diese Befürchtungen nicht ganz gegenstandslos gewesen sind. Die Menschenrechte erweisen sich immer wieder als eine treffsichere Waffe gegenüber dem ideologischen Gegner. Sie können zum Aufweis bestehender Defizite auf der anderen Seite wie zum Erweis der eigenen Überlegenheit herhalten. So ist es sachlich begründet, daß vor dem

Prinzip VII in der Erklärung der Schlußakte, das den Menschenrechten gewidmet ist, Prinzip VI steht, das der »Nichteinmischung in innere Angelegenheiten« wehren will.

Das bedeutet aber immerhin: Auch unter den Bedingungen eines geteilten Kontinents bekennen sich alle Unterzeichnerstaaten »im Geiste friedlicher Koexistenz« zur »Achtung der Menschenrechte und Grundfreiheiten, einschließlich der Gedanken-, Gewissens-, Religions- und Überzeugungsfreiheit«. »Auf dem Gebiet der Menschenrechte und Grundfreiheiten werden die Teilnehmerstaaten in Übereinstimmung mit den Zielen und Grundsätzen der Charta der Vereinten Nationen und mit der Allgemeinen Erklärung der Menschenrechte handeln« (Prinzip VII). Dieser gemeinsame Rahmen blieb in der Folgezeit unangetastet, auch wenn die Menschenrechte immer wieder zu einem Instrument politischer Auseinandersetzungen gemacht wurden. Trotzdem ermöglichte erst die gemeinsame Anerkennung der Menschenrechte die Auseinandersetzung über ihre Interpretation.

Erst wenn die »Grundfigur des Menschenrechts« als umfassende Beschreibung voller Verwirklichung des Menschenrechts respektiert wird, können politisch motivierte Einseitigkeiten und Verabsolutierungen von an sich berechtigten Teilaspekten vermieden werden. Deshalb kommt der Reflexion über die Menschenrechte hohe politische Bedeutung zu.

III

Für die Einheit von sozialen und individuellen Menschenrechten gibt es eine Reihe von Gründen, die mit der geschichtlichen Situation, in der wir nach den Menschenrechten fragen, zusammenhängen.

Da ist zunächst der geschichtliche Charakter der Menschenrechte selbst. Dieser verbietet es, den Individual- gegen den Sozialaspekt auszuspielen. Da die Menschenrechte immer auf vorhandene Defizite an Menschlichkeit aufmerksam machen wollen, stellen sie keinen Kanon festzuschreibender Rechte dar. Der Wandel der Situation kann bisher übersehene oder für entbehrlich gehaltene Aspekte hervortreten lassen. In nachrevolutionären Gesellschaften läßt sich unschwer ein gewisser Nachholbedarf an Menschlichkeit nachweisen. Die Respektierung des gesellschaftlichen Kontextes erklärt zu einem gewissen Grade die Partikularität der Verwirklichung wie auch die Unvollständigkeit und Überholbarkeit von Menschenrechtskatalogen. Es sind immer konkrete Defizite in einer Gesellschaft, die nach »mehr Menschlichkeit« verlangen. Insofern wird jede real existierende Gesellschaft durch den Katalog der kodifizierten Menschenrechte herausgefordert. Denn auch dort, wo die Menschenrechte als Rechtsnorm anerkannt und in positives Recht übergegangen sind, bleibt die Spannung zwischen positivem Recht und gesellschaftlicher Praxis bestehen. Es muß Sorge dafür getragen werden, daß die Betroffenen ihr Recht auch erkennen und wahrnehmen können. Deshalb bedürfen individuelle Rechte des sozialen Rahmens, der ihre Durchsetzung erst ermöglicht.

Ebenfalls nötigt uns die gegenwärtige Weltsituation zu einer Überwindung des Gegensatzes von individuellen und sozialen Menschenrechten. Die politischen und sozialen Zustände in vielen Ländern dieser Erde machen es zahlreichen Menschen unmöglich, ihre verbrieften Freiheitsrechte wahrzunehmen. Die universale Gültigkeit der

Menschenrechte, die in dem Begriff angelegt ist, verlangt nach der Formulierung von Basisrechten, ohne deren Durchsetzung menschliches Leben nicht erhalten und auch nicht lebenswert genannt werden kann.

Ebenso läßt unsere Verantwortung für die Zukunft die Kurzschlüssigkeit einseitiger Betrachtungsweisen hervortreten:

(1) Die ökologischen Probleme, die durch die schrankenlose Wahrnehmung menschlicher und sozialer Freiheiten hervorgerufen wurden, verlangen gesellschaftliche Regulative, welche die Rechte der Betroffenen (auch künftiger Generationen) schützen.

(2) Auf der anderen Seite kann auch die unkontrollierte Verhängung sozialer Beschränkungen zum Verlust der Freiheit, zu Manipulation und Normierung der Persönlichkeit führen. Freiheit und Gleichheit bedingen einander: Freiheit ohne Gerechtigkeit wäre ebenso ein Hohn auf die Menschenrechte wie Gerechtigkeit ohne Freiheit.

Zutiefst aber ist die Einheit von sozialen und individuellen Menschenrechten in der Grundfigur alles Menschlichen begründet. Weil der Mensch als Individuum ein geschichtliches Wesen ist, weil er sein Menschsein nur in Beziehungen verwirklichen kann, dürfen die beiden Aspekte nicht gegeneinander ausgespielt oder voneinander isoliert werden. Bei der Durchsetzung der Menschenrechte haben wir von den konkreten Bedürfnissen der Menschen auszugehen. Die kodifizierten Menschenrechte sind ja nur ein Ausdruck der Würde des Menschen, die er vor aller Leistung, vor jeder gesellschaftlichen Rolle, vor jeder Anerkennung durch andere (und durch sich selbst) besitzt. Christen sind davon überzeugt, daß diese Würde dem Menschen von Gott verliehen wurde. Weil es den Menschen aber immer nur in konkreten Beziehungen gibt, darf das Insistieren auf formalen Rechten und ideologischen Voraussetzungen nicht das Letzte sein. Ziel des Eintretens für die Menschenrechte ist nicht nur eine neue Interpretation, sondern die Veränderung unmenschlicher Zustände. Weil es um das Ganze menschlichen Lebens geht, dürfen individuelle und soziale Menschenrechte nicht auseinandergerissen werden!

IV

Schließlich fragen wir auch theologisch nach den Menschenrechten. Es kann nicht Aufgabe der Theologie sein, die Menschenrechte als solche zu legitimieren[17] bzw. die Einheit von sozialen und individuellen Menschenrechten theoretisch zu begründen. Ich sehe die Aufgabe der Theologie in folgendem:

(1) Sie kann die Motivation für unser Engagement im Kampf um die Menschenrechte vom Evangelium her begründen. Denn das Eintreten für die Menschenrechte bedarf eines hohen moralischen Einsatzes. Dazu hat die Bischofssynode klar formuliert: »Wir Christen schöpfen im Evangelium auch die tiefste Motivation, uns in der Verteidigung und Förderung der Menschenrechte zu engagieren – das Evangelium drängt uns dazu«[18].

(2) Die Theologie kann Kriterien für den Umgang mit den Menschenrechten aus der Sicht des Evangeliums erarbeiten. Diese Kriterien werden konstruktive und kritische Elemente enthalten: »Die Funktion, welche die Er-

[17] Theologische Perspektiven der Menschenrechte. Bericht einer LWB Konsulation über Menschenrechte, Genf, 29. Juni – 3. Juli 1976, Genf 1977 (vgl. auch Anm. 14).

[18] Menschenrechte und Versöhnung, Botschaft des Papstes und der römischen Bischofssynode zu den Menschenrechten vom 23. 10. 1974 (KNA-Dokumentation Nr. 46 v. 25. 10. 1974).

kenntnis der Christen bei der Förderung der Menschenrechte hat, kan man als kritisch-kreativ bezeichnen. Kritisch ist sie, weil sie zu unterscheiden weiß zwischen der ideologischen Vorspiegelung und einer Verwirklichung von Menschenrechten; kreativ, weil sie, inspiriert vom Glauben, das jeweils erscheinende Gute unbefangen wahrnimmt und fördert. Das geschieht in der Perspektive der Hoffnung, daß Gottes Herrschaft uns auch in dieser Welt nahekommt«[19].

(3) Aufgabe der Theologie wird es auch sein müssen, kirchliche Stellungnahmen und Appelle vorbereiten und formulieren zu helfen.

Bei dieser Aufgabe muß ebenfalls die Einheit von sozialen und individuellen Menschenrechten bewahrt werden; denn das biblische Menschenbild ist ein ganzheitliches:

– Der Mensch ist zum Ebenbild Gottes geschaffen.

Er ist auf Gemeinschaft hin angelegt und auch als Individuum nie auf sich selbst bezogen. Er ist als Geschöpf in die Gemeinschaft alles Lebendigen hineingestellt und als Partner seinem Mitmenschen verbunden. Als Verwalter der Welt ist er nicht nur Herr, sondern auch Glied der Schöpfung Gottes. Seine Menschenwürde gründet in Auftrag und Willen des Schöpfers.

– Der Mensch ist, als einzelner wie als Glied des Ganzen, von Gott in Christus angenommen.

In der Rechtfertigung allein aus Gnade empfängt er ein neues Menschsein, das ihn zu einem neuen Leben vor Gott und den Menschen ermächtigt. Merkmal dieses neuen Seins ist die Liebe, die nicht das Ihre sucht. Kampf um die Menschenrechte kann von uns daher nur als Eintreten für

[19] Theologische Perspektiven der Menschenrechte (Anm. 17), 16.

die Rechte der anderen verstanden werden. Eine Konsequenz für die Kirche wäre daraus, daß sie nicht nur für die Freiheit der eigenen Religionsausübung, sondern für die Glaubens- und Gewissensfreiheit aller Menschen eintritt. Unsere Parteinahme für die universalen Menschenrechte gründet in der Liebe, die allumfassend ist.

– Der Mensch ist in Christus zu neuer Gemeinschaft berufen[20].

Die neue Gemeinschaft ist noch nicht vollendet. Sie ist eine Verheißung, aber sie wird auf dem Wege erfahrbar: bruchstückhaft, unvollkommen, aber zugleich ein Zeichen der Hoffnung. Die Vision der einen Menschheit, in der Freiheit und Gerechtigkeit miteinander versöhnt sind, kann uns befähigen, auf dem langen Marsch durch die Institutionen den Mut nicht zu verlieren und trotz der Partikularität des Verwirklichten neue, wenn auch oft bescheidene Schritte zu mehr Menschlichkeit zu wagen. In der Spannung zwischen den einzelnen Aspekten der Menschenrechte und ihrer universalen Gültigkeit erkennen wir die eschatologische Spannung zwischen der Partikularität des verwirklichten und der Universalität des angebotenen Heils wieder.

Von dieser theologischen Basis aus möchte ich abschließend noch die Frage der Einheit von sozialen und individuellen Menschenrechten aus der Sicht der Kirchen in der DDR beleuchten:

Die Kirchen in der DDR (und ich kann hier zunächst nur für die evangelischen sprechen) müssen sich im ökumenischen Dialog immer wieder die Frage gefallen lassen, wie sie denn ihre Verantwortung für die Menschenrechte

[20] »In Christus – eine neue Gemeinschaft«. Thema der Vollversammlung des LWB 1977 in Dar-es-salaam.

in der Gesellschaft wahrzunehmen gedenken, die eindeutig unter dem Führungsanspruch einer marxistischen Partei steht. Auch darauf kann nicht allein mit dem Hinweis auf formale Bestimmungen oder ideologische Voraussetzungen geantwortet werden. Die Praxis ist auch in diesem Bereich der Prüfstein jeder Behauptung.

Das marxistische Verständnis der Menschenrechte (s. o.) betont nach unserer Einsicht eine notwendige Komponente der umfassenden »Grundfigur des Menschenrechts«: den sozialen Aspekt der Gleichheit. Die ökumenische Diskussion hat gezeigt, daß die einseitige Betonung des Individualaspekts vor allem den Interessen der Dritten Welt nicht genügt, ja eine wesentliche Seite der menschlichen Existenz überhaupt unterbewertet. Deshalb muß von einem ganzheitlichen Menschenrechtsverständnis her der marxistische Beitrag zur Menschenrechtsdiskussion ernstgenommen werden. Eine Studie des Theologischen Studienausschußes des Nationalkomitees des Lutherischen Weltbundes in der DDR[21] hat in den Jahren 1971–73 die Kenntnis dieses berechtigten Anliegens zutage gefördert. Im übrigen haben die Kirchen in der DDR in einem umfassenden Lernprozeß Möglichkeiten und Chancen christlichen Zeugnisses in einer sozialistischen Gesellschaft ausgelotet. Gerade die Einsicht in die konkreten gesellschaftlichen Bedingungen hat Freiräume für christliches Handeln in der Praxis eröffnet, dabei die von der Ideologie (beider Seiten) abgesteckten Grenzen oft überschreitend.

Auf der anderen Seite darf aber nicht übersehen werden, daß die Kirche von ihrem ganzheitlichen Auftrag her einer

[21] Sorge um eine menschliche Welt. Normativität und Relativität der Menschenrechte, abgeschlossen Oktober 1973, 80 S.

Absolutierung des Sozialaspekts widersprechen muß. Sie tut dies mit um so mehr Recht, als auch das marxistische Menschenrechtsverständnis im Ansatz den Menschen als Individuum im Blick hat (s. o.): »Das Ziel sozialistischer Bürgerrechte ist weder der Vereinzelte außerhalb der Gesellschaft noch der Untergang der Individualität in der Masse.«[22] So versteht sich die Kirche auch als Anwalt der Stimmlosen und nimmt damit ihr prophetisches Amt wahr. Da sie konstruktiv und kritisch zugleich im Eintreten für die Menschenrechte sein muß, wird sie differenziert dem Ansinnen gegenüberstehen, der Fürsprecher eines ganz bestimmten, sei es westlichen, sei es östlichen Menschenrechtsverständnisses zu sein. Das hindert sie jedoch nicht daran, in ganz bestimmten Fällen zu Menschenrechtsverletzungen Stellung zu nehmen, gleichviel, ob dadurch kodifizierte Rechte oder »nur« moralische Ansprüche tangiert werden.

Bei solchem Eintreten für mehr Menschlichkeit im konkreten Fall hilft der Kirche in der DDR die ökumenische Solidarität der weltweiten Kirche ganz entscheidend:

– Sie kann ihr situationsbezogenes Zeugnis, das darum auch immer eine gewisse Einseitigkeit an sich hat, um so freimütiger ablegen, als sie davon überzeugt ist, daß ihre Brüder und Schwestern in allen Teilen der Welt ebenso konstruktiv und kritisch ihren Beitrag zu mehr Menschlichkeit leisten

– Sie kann aus ihren eigenen Erfahrungen heraus anderen Kirchen in ähnlichen Herausforderungen zum Verständnis ihrer eigenen Situation helfen und ihnen Mut zum Sicheinlassen auf den Sozialismus machen, sofern er den Menschen zu mehr Gerechtigkeit verhilft. Gleichzeitig

[22] Philosophisches Wörterbuch (Anm. 3), s. Anm. 16.

fällt von den Erfahrungen anderer Christen im Kampf um die Gerechtigkeit ein erhellendes Licht auf die eigene Situation.

– Die Kirche in der DDR weiß sich darüber hinaus mit allen Christen in einer Gemeinschaft verbunden, die auch den Sünder in der Fürbitte und den Leidenden nicht vergißt. Die Verwirklichung der Menschenrechte ist vom Versagen auf der einen und von der Ohnmacht auf der anderen Seite begleitet, und oft ist die Ursache zwischen beiden, zwischen Ursache und Wirkung, nicht klar zu ziehen. Wer für das Recht des anderen eintritt, darf das eigene Leiden nicht scheuen. Gerade dort aber beginnt unser Versagen. Deshalb brauchen wir die Gebete der weltweiten Kirche, gerade im Kampf um die Menschenrechte.

Ein ernstes Problem ist schließlich damit gegeben, daß das Eintreten für mehr Gerechtigkeit in anderen Ländern als dem eigenen (also zum Beispiel in Südafrika oder in Chile) sehr leicht ins Zwielicht politischer Auseinandersetzungen gerät und dadurch diskriminiert werden kann: Es wird als »Auftragsarbeit« seitens der Regierung bezeichnet, als Beweis für die »Anpassung« der Kirche gewertet, aber es kann natürlich auch als Bestätigung der eigenen Politik gewertet werden – und welcher Politiker möchte sich nicht die Zustimmung der Kirche sichern?

Darauf kann ich in aller Kürze nur antworten: Auch das Ringen um die Menschenrechte geschieht auf der Erde und darum im Zwielicht. Kein Wort ist so klar, keine Aktion so eindeutig, als daß sie nicht pervertiert, mißverstanden und mißbraucht werden könnte. Daß dies so ist, darf den nicht verwundern, der die Menschenrechte in ihrer Vorläufigkeit und Überholbarkeit sieht und das Reich der Gerechtigkeit noch »auf dem Wege« weiß.

Deshalb sollen wir im Wissen um die Begrenztheit des eigenen Urteils unsere Stimme erheben, wenn uns die Betroffenen darum bitten, wenn es ihnen politisch nützt und das Evangelium dazu ermutigt. Auch hier gilt: »Wir leben im Vorletzten und glauben das Letzte« (Bonhoeffer). Die umfassende Verwirklichung der Menschenrechte bleibt das Ziel, aber der Weg dahin ist lang.

Nur in der ökumenischen Gemeinschaft können wir der Universalität der Menschenrechte annähernd gerecht werden!

Ausgewählte Bibliographie über theologische und kirchliche Gesichtspunkte der Menschenrechte

Abkürzungen:

BWA	–	Baptist World Alliance (Baptistischer Weltbund)
CEC	–	Conference of European Churches
CCIA	–	Commission of the Churches on International Affairs of the World Council of Churches
DERS.	–	Derselbe
EPD/epd	–	Evangelischer Pressedienst, Frankfurt/Main (Ffm)
ibid.	–	Ebenda
IDOC	–	IDOC International, (Documentation Service), Via S. Maria dell'Anima 30, 00186 Rome, Italy
KEK	–	Konferenz Europäischer Kirchen, Genf
KKIA	–	Kommission der Kirchen für Internationale Angelegenheiten beim Weltkirchenrat
LWB	–	Lutherischer Weltbund, Genf
LWF	–	Lutheran World Federation, Geneva
MS	–	Manuskript, maschinenschriftlich, Kopie (typewritten manuscript, copy)
ÖRK	–	Ökumenischer Rat der Kirchen, Genf
RWB	–	Reformierter Weltbund, Genf
WARC	–	World Alliance of Reformed Churches, Geneva
WCC	–	World Council of Churches, Geneva

Hinweis: Die meisten Materialien des Weltkirchenrates und des Lutherischen Weltbundes sind auf deutsch und auf englisch vorhanden.

ABBOTT, Walter M. S. J. (ed.). The Documents of Vatican II. All Sixteen Texts Promulgated by the Ecumenical Council 1963–1965. Geoffrey Chapman, London, 1966.

ADAMS, Bob E. »Issues and Problems related to Freedom which Baptists Face in Latin America«, in: Baptist World Alliance Study Papers, Washington, D. C., 1978.

AKANDE, Ola S. T. »The Question of Freedom as it Confronts Baptists in Africa Today«, in: Baptist World Alliance Study Papers, Washington, D. C., 1978

ALPHONSE, M. »Human Rights in India, Myth and Reality«, in: The Rally, Madras, India, March 1978, 3 pp.

ANGLICAN CONSULTATIVE COUNCIL: Report of the 4th meeting 1979, 8th May–18th May 1979. »A Theological Basis of Human Rights«, London, Ontario/Canada, 1979, 12 pp.

ANTOLINEZ Y BERMUDEZ. »Derechos humanos y derecho del pobre«, IDOC No. 29492, Rom, 1978, Spanish, 4 pp.

ANTOCICH, Ricardo S. J. »Evangelization in Latin America and Human Rights« (also in Portuguese), Brazil, 1978, 12 pp.

ARFANAKIS, Nikolaos. »Ta dikaiomata tou Anthropou kai ai christianikai ekklisiai« (Les droits de l'homme et les Eglises chrétiennes), Gregorios o Palamas, Thessaloniki 59 (1976), 266–272.

ARNS, Dom Paulo Evaristo, Cardenal, a. o. »Bases Biblicas Theologicas«, in: Direitos Humanos, CEI, Rio de Janeiro, Brasil, 1976, 11 pp.

ARRUPE, Pedro P., Superior general de la Compañia de Jesus. »Los derechos humanos a la luz de la fe«, in: Mensaje, Santiago, Marzo–Abril 1979, 3 pp.

ASSOCIATION OF MAJOR RELIGIOUS SUPERIORS IN THE PHILIPPINES (ed.). »The Gospel, Human Rights and the Church in the Philippines Today«, in: Signs of Times, March 19, 1976, English, 4 pp.

AUSTAD, Torleiv. »Teologisk begrunnelse for Menneskerettighetene« (Theological Basis for Human Rights), in: Tidsskrift for Teologi og Kirke, Oslo (1976), 201–216.

BALASURIYA, Tissa, Rev. Fr. »Emerging Theologies of Asian Liberation«, Colombo, Sri Lanka, Dec. 1978, 5 pp. available through WCC/CCIA, Geneva.

BARREIRO, J. »In Defence of Human Rights«, in: The Ecumenical Review 27, 1975, 104–110.

BARTH, Markus. »Gottes und des Nächsten Recht«, in: Parrhesia. Barth Karl zum achtzigsten Geburtstag, EVZ-Verlag, Zürich, 1966, S. 447–469.

BAUMS, Gabriele. »Lateinamerika: Menschenrechte außer Kraft?«, in: Herder-Korrespondenz 29 (1975), S. 623–629.

BAUR, Jörg (Hrsg.). »Zum Thema Menschenrechte«, Theologische Versuche und Entwürfe. Calwer, Stuttgart, 1977.

BERLINER ARBEITSGEMEINSCHAFT FÜR KIRCHLICHE PUBLIZISTIK (Hrsg.).»Die Kirchen in der CSSR und die Menschenrechts-Bewegung: Dokumente, Briefe und Stellungnahmen der Böhmischen Brüder«, in: Charta 77, Osteuropa-Dokumentation Juli 1978.

BERNARDIN, Joseph L. Mgr. » Derechos humanos y reconciliacion«, in: CELAM Bogota 8 (1975), No. 95, 8 pp.

BIGO, Pierre, S. J. »Los Derechos Humanos en América Latina«, in : Medellin l (1975), 207–215 (Medellin, Colombia).

BLUM, Virgil C. »Défense des droits humains et diffusion de la doctrine chrétienne«, in: Le Christ au Monde, Rome 21 (1976), 344–355.

BOARD OF CHURCH AND SOCIETY OF THE METHODIST CHURCH (ed.), »The Quest for Human Rights«, in: Engage/Social Action, Washington, D. C., USA, March 1978, English, 32 pp.

BOLTE, Paul-Emile. »Les Droits de l'Homme et la papauté contemporaine«. Synthèse et textes in: Fides, Montreal, 1975, 429 pp. (La Pensée Chrétienne, 1).

BOYENS, Armin. »Geht es ohne den Schutz von Waffen? Über Sicherheit und Menschenrechte«, in: Deutsche Zeitung 23. 6. 78.
(Hrsg.). »Sicherheit und Menschenrechte – Elemente eines ge-

rechten und dauerhaften Friedens« – Texte von Baudissin, Zabolotski, Mau, Wettig.
(Ökumenische Tagung der Militär-Seelsorge). epd-Dokumentation Nr. 29/1978 (26. 6. 1978).

BROWN, R. et al. »Church and State and Human Rights«, in: Christianity and Crisis 36, Dec. 1976, 302–316.

CARR, Burgess. »Biblical and Theological Basis for the Struggle for Human Rights«, in: The Ecumenical Review 27, Geneva 1975, p. 117–123.

CELADEC: »La fe crea un espacio de creatividad, fortaleza y esperanza ante la tortura«, Celadec, Lima, Peru, 3 pp.

CENTRO PRO UNIONE: »The Image of God and Human Rights«, Rom, 1977.

CHADRAN V. M. » The Meaning of Human Rights and the Problems They Pose«, in: Ecumenical Review 27, Geneva, 1975, 139–146.

CHARTER OF SANTIAGO, »The International Symposium on The Church and Human Dignity: Rights and Obligations in Today's World«, Santiago de Chile, November 1978, in: IDOC Bulletin No. 1, 1979, Rom, English, 3 pp. IDOC 31913.

CHIAVACCI E. »Some Remarks on the Meaning of Human Rights and Their Justification«, in: Societas Ethica, Jahrestagung 1978, pp. 1–20.

CHRISTIAN CONFERENCE OF ASIA (ed.), »CCA Priority: Human Rights«, in: Signs of the Times, CCA, Singapore, 1976.

CHRISTUS: »Uso del derecho al servicio del pueblo«, in No. 516, Mexico , November 1978, Spanish, 31 pp.
»Derechos de las mayorias – Derechos de los pobres«, Mexico, July 1978, Spanish, 30 pp.

CHURCH LABOR LETTER: »Hope in the Struggle of the People«, Tokyo, March 13–19, 1975.

CHURCH OF ENGLAND General Synod Board of Social Responsibility (ed.). »Human Rights: Our Understanding and

Our Responsibilities«, GS 325, 22 pp., 32 p., Church House, London, 1977.

CODECAL: »Los Derechos humanos – como hacerlos realidad!«, Codecal, Bogota, Colombia, 1979, 12 pp.

COMBLIN, Joseph. »Los derechos humanos en América Latina y la Iglesia«, in: No basta con decir Señor, Señor . . ., Vicaria de la Solidaridad, Arzobispado de Santiago de Chile, November 1978, Spanish, 25 pp. IDOC 34 403.

CONCILIUM, General Secretariat, Nijmegen, Netherlands (ed.). »Human Rights«, in: Concilium 48, 1969, 161– 177.

CONFERENCE PANORTHODOXE préconciliaire de Chambésy (ed.) L'Eglise Orthodoxe en Tchécoslovaquie, especially paragr. 2 »La Liberté«, Genève, 21–28 novembre 1976, 8 pp.

COSMAC, Vincent. »Droits de l'homme, droits des pauvres, droit de Dieu«, in: Convergence No. 2, Switzerland, February 1979, French, 2 pp. IDOC 34 571.

COSTE, René (ed.). » Le droit d'être un homme«, in: Nouvelle revue théologique 95 (1973), 20–38.

CRIPPA, Adolpho. »A nova problematica dos direitos humanos«, in: Convivium, Sao Paulo 14/18 (1975) No. 2, 99–127.

DAIGELER, Hans-Wolfgang. »Heutiges Menschenrechtsbewußtsein und Kirche. Die Beteiligung des einzelnen an der Leitung des Gemeinwesens«, in: Demokratie und Kirche, Benziger 1973, X, Zürich-Einsiedeln, 171 pp.

DECKE, Gerd. »Religionsfreiheit und Menschenrechte«, in: epd-Dokumentation No. 21, (Frankfurt), Juni 1976, 24–28.

DELBRUECK, Jobst. »Drittwirkung der Grundrechte durch völkerrechtliche Verpflichtung?«, in: Festschrift für W. Weber, Im Dienst an Recht und Staat, 1974, Berlin, S. 223 ff.

DEUTSCHE STUDIENGRUPPE in Uppsala. »Thesen zum christlichen Verständnis des Rechts«, in: Zeitschrift für Evangelische Ethik, 12/1968, S. 110–113.

DIRSCHAUER, K. »Die Religion der Menschenrechte – Kritische Anmerkungen zu theologischen Legitimationsvorhaben«, in: Deutsches Pfarrerblatt 7/78, S. 195 ff.; S. 234 ff.

DISCIPLES OF CHRIST (ed.). »Human Rights in World Perspectives«, in: Social Action Newsletter, Indianapolis, USA, November–December 1977, English, 8 pp.

DUPUY, B. »La portée des accords d'Helsinki dans le domaine de la protection des droits de l'homme«, in: Istina, Paris 22 (1977), 20–25.

ECHEGARAY, Hugo. »Derecho del pobre, derecho de Dios«, in: Paginas No. 11–12, Lima 1977, Spanish, 5 pp. and also in: Elsa Tamez and Saul Trinidad (ed.), Capitalismo: violencia y antivida, Editorial Educa, Costa Rica, 1978, Spanish, 4 pp., IDOC 28871.

ECUMENICAL REVIEW: »A Theological Inquiry Concerning Human Rights: some questions, hypotheses and answers«, 27, 1975, 97–103.

EMERGENCY CHRISTIAN CONFERENCE on Korean Problems (ed.): »Documents on the Struggle for Democracy in Korea«, in: National Christian Council of Japan, Tokyo, 1975, English, 288 pp.

EPPS, Dwain C; DAHLEN, Olle and LANGHOFF, Johannes etc. »Human Rights«, in: Ekumenisk Orientering. Church and Society (1974) No. 4, 2–24.

EPPS, Dwain C. »Und jetzt wohin? Die Ökumene und Menschenrechte heute«, in: Ökumenische Rundschau 1/78, S. 62 ff.

ESTUDIOS INDIGENAS: »El derecho de los pobres«. No. 4, Mexico, June 1977, Spanish, 206 pp.

FALCONER, Alan. »The Churches and Human Rights«, in: One in Christ, 13 (4), 1977, pp. 321–350, (available from Benedictine Convent, Priory Close, London, N 14 4 AT).
– »The Christian and Human Rights«, in: Doctrine and Life, Vol. 29 (2), February 1978, pp. 77–92, (available from Dominican Publications, St. Saviour's, Dublin 1).

– (ed.). »Understanding Human Rights: an Interdisciplinary and Interfaith Study«, Irish School of Ecumenics, 1980, Dublin, 237 pp., (available from British Council of Churches [Human Rights], 2 Eaton Gate, London SW 1 W 9 BL).

FONSECA, Glenda. How to File Complaints of Human Rights Violations. A Practical Guide to Intergovernmental Procedures. World Council of Churches, Geneva, 1975, 152 pp.
– and VILLALPANDO, Waldo. »Defensa de los derechos humanos« (»How to File Complaints), in: Tierra Nueva, Buenos Aires, 1976, 272 pp.

FORELL, W. George and LAZARETH, William H. (ed.). »Human Rights: Rhetoric or Reality«, in: Fortress Press, Philadelphia, 1978.

GABRIS, Karol. »Zur Frage der Menschenrechte«, in: Christliche Friedenskonferenz 56 I/1977, S. 11 ff.

GARDINER, R. K. A. »Christianity and Human Rights«, in: Ecumenical Review 20, 1968, 404–409.

GARRETON, Manuel. »On the Problem of Human Rights Today: Human Rights and the Social Crisis«, in: Human Rights Concerns, LWF, Geneva, March, 1979, 4–16.

GEYER, Alan. Toward a Theology of Human Rights. Center for Theology and Public Policy, Washington, 1978.

GIBBONS, W. J., S. J. (ed.). »Pacem in Terris«, Encyclical Letter of His Holiness Pope John XXIII. Paulist Press, New York, 1963.

GOLDIE, A. R. »Freedom to Live the Good Life«. A Study Paper. BWA, Commission on Freedom, Justice and Peace, Washington D. C., 1978.

GOLLWITZER, Helmut. »Verankerung der Menschenrechte im christlichen Glauben«, in: Evangelischer Informationsdienst, Februar 1977, S. 27 ff.

GOMES, Antonio Ferreira. Ecumenismo e os direitos do homen na tradicao antiga portugese. Porto: Telos, 1974, 73 pp.

GRUPOS CRISTIANOS DE BOGOTA. Jornada por los derechos del pueblo, 12 de Octubre 1979, in: Solidaridad, No. 4, Bogota, June 1979, Spanish, 13 pp. IDOC 29492.

HAMER, Jerome/CONGAR, Yves. »Über die Religionsfreiheit«. Lateinischer und deutscher Text, Kommentare zur Konzilserklärung, in: Konfessionskundliche und kontroverstheologische Studien Band XX, Verlag Bonifacius-Druckerei Paderborn, 1967.

HARDER, G. »Menschenrecht und Gottesrecht. Die allgemeine Erklärung der Menschenrechte vom 10. 12. 1948 im Licht der Heiligen Schrift«, in: Christliche Daseinsgestaltung; Sammlung Dietrich, Band 17, Bremen, 1958, S. 133ff. (Der Anfang, Bd. 15, 1951, S. 39ff.).

HARPER, Charles. »Los derechos humanos y la respuesta cristiana en América Latina«, in: Dialogo, Guatemala (1975) No. 26, 41–44; Educacion-Boletin (CELADEC), Lima (1975), 37–42.

HEHIR, J. Bryan, Rev., Associate Secretary of International Justice and Peace Office of the US Catholic Conference, at the end of his visit to the Philippines, in: Final Report, April 1977. IDOC 29492.

HEIDINGSFELD, Uwe-Peter. (Hrsg.). »Kirchen treten für Menschenrechte ein«, in: Erklärungen, Berichte und Programme von kirchlichen Zusammenschlüssen, epd-Dokumentation 53/80.

HEIMERL, Hans. »Menschenrechte, Christenrechte und ihr Schutz in der Kirche«, Theologisch-praktische Quartalschrift, Linz (Österreich) 121 (1973), 26–35.

HEINZ, W. S. Menschenrechte und Dritte Welt. Haag & Herchen Verlag, Frankfurt/Main, 1980.

HELD, Heinz-Joachim. »Menschenrechte – eine Aufgabe der Kirche«, in: Der Überblick 4/76, S. 1ff.

HERNANDEZ, Pedro. »Los pobres. Derechos de los pobres«, in: Solidaridad No. 3, Bogota, May 1979, Spanish, 10 pp. IDOC 34565.

HEUVEL, A. H. van den. »Das Schweigen der Kirchen ist gebrochen. Zur Situation der Menschenrechte in Osteuropa«, in: Evangelische Kommentare 9, 1976, S. 522–525.

HIEBEL, Jean-Luc. »Les Droits humains de l'assistance spirituelle dans les conflits armés«. Thèse, Strasbourg, Faculté de Théologie catholique, 1976, 2 vols.

HOEDEMAKER, B. »Notes on a theology for combating racism«, in: PCR – Information No. 4, Geneva 1980, 6 pp.

HOFER, W. Gedanken zur Menschenrechtsproblematik in der heutigen Welt, in: Neue Zürcher Zeitung No. 281, 2/3 Dezember 1979, 39.

HOLLENBACH, David, S. J. »Human Rights«. MS 1978, 17 pp.

HONECKER, Martin. Das Recht des Menschen. Einführung in die evangelische Sozialethik. Gütersloher Verlagshaus Gerd Mohn, 1978.
– »Recht oder ethische Forderung. Aporien in der Menschenrechtsdiskussion«, in: Evangelische Kommentare No. 8, 1975, S. 737–740.
– »Recht und Würde des Menschen«, in: Societas Ethica, Jahrestagung 1978, pp. 42–70.
– »Aporien in der Menschenrechtsdiskussion«, in: Ders., Sozialethik zwischen Tradition und Vernunft, Mohr, Tübingen, 1977, S. 122–144.

HOORNAERT, Eduardo. »A Igreja e o reconhecimento dos direitos humanos na historia«, in: Revista Eclesiastica Brasileira No. 145, Rio de Janeiro, 1977, pp. 159–187 and No. 146, 1977, pp. 283–330. IDOC 29492.

HOVEMYR, A. »Human Rights – A matter of Interpretation«. A Study Paper: Baptist World Alliance, Commission on Freedom, Justice and Peace, Washington D. C., 1978.

HUBER, Wolfgang. »Freiheit, Gleichheit, Teilhabe – Grundelemente des Menschenrechtsgedankens«, in: Mitteilungen 7/8, 1977, S. 7ff.
– »Zur Diskussion der Menschenrechte in der EKD«, in: Der Überblick 2/1975, S. 8ff.
– »Religionsfreiheit und Kirchenfreiheit«, in: Zeitschrift für Evangelische Ethik, 1977, S. 191ff.
– »Menschenrechte durchsetzen – die Diskussion in der Ökumene«, in: epd Entwicklungspolitik, 2, 1977, S. 10ff.
– Zur theologischen Interpretation und zur gegenwärtigen kirchlichen Bedeutung der Menschenrechte. MS Bad Boll, März 1977.

HUBER, Wolfgang; TÖDT, Heinz Ed. Menschenrechte – Perspektiven einer menschlichen Welt. Kreuz, Stuttgart–Berlin, 1977.

IDOC bibliography: »Theological Reflections on human rights«, in: IDOC Bulletin No. 1, 1979, Rom, English, 6 pp.

IDOC Bulletin No. 1: »Reflections on Human Rights in the Philippines. A Memorandum to the United States Catholic Conferences«. Rom, English, 5 pp.

IDOC 31918: »A dossier on human rights, indigenous minorities and the role of the church«. IDOC Bulletin, Rome.

IISAKA, Yoshiaki. »Human Rights«, in: Japan Missionary Bulletin No. 1, 1972.

INSTITUT FÜR SOZIALETHIK DES SCHWEIZERISCHEN EVANGELISCHEN KIRCHENBUNDES: »Menschenrechte und Antirassismus – Studien und Berichte«. 22/23, Lausanne und Bern, 1976.

INTERNATIONAL REVIEW OF MISSION: A special Issue on Human Rights with Biblical and Theological Insights. Vol. LXVI No. 263, July, 1977.

JENKINS, D. E., »Human Rights in Christian Perspective«, in: Study Encounter 10/60, No. 2, 1974, 1–8.

JENNINGS, Raymond P. »The Biblical Concept of Freedom: Choice with Commitment«. Study Paper. Baptist World Alliance: Commission on Freedom, Justice and Peace, Washington D.C., 1978.

JOBLIN, Joseph. »Dalla parte dei poveri. Diritti dell'uomo e superamento del l'emarginazione«, in: La Civilta Cattolica, Roma, No. 3112, 16 February 1980, Italian, 12 pp. IDOC 34 565.

JOHANNES PAUL II. »Religionsfreiheit für alle«. Botschaft des Papstes an den Generalsekretär der Vereinten Nationen, Kurt Waldheim, zum 30. Jahrestag der Verabschiedung der UN-Erklärung über die Menschenrechte am 10. 12. 1948, L'Osservatore Romano, 15. 12. 1978, Rom.

JOHN PAUL II. »Redemptor Hominis« – The First Encyclical

of His Holiness Pope John Paul II, in: L'Osservatore Romano, March 19, 1979, English, 14 pp.

JOHANNES PAUL II. »Redemptor Hominis« – Enzyklika, Mai 1979, in: Verlautbarungen des Apostolischen Stuhles, S. 37 ff.

JOHNSON, James Benson. »A History of Baptist Action and Thought on Freedom«. Study Paper. The Baptist World Alliance, Commission on Feedom, Justice and Peace, Washington D.C., 1978.

JÜNGEL, Eberhard. »Freiheitsrechte und Gerechtigkeit«, in: Unterwegs zur Sache, 1972, S. 246–256.

KAMEETA, Zephania. »My God, My God, why hast Thou forsaken me? An Easter sermon«. Windhoek/Namibia, 1976, 3 pp. Available from WCC/CCIA.

KAMMER DER EKD: »Die Menschenrechte im ökumenischen Gespräch«. Ein Beitrag für öffentliche Verantwortung, 26. 9. 1975. epd-Dokumentation 44a/75, 13. 10. 1975.

KAUFMANN, Ludwig. »Die Menschenrechte für die Kirche«, in: Orientierung, Zürich, 1976, S. 116–119, 143–147.

KIM, Stephen, Cardinal of Seoul. »A call for Human Rights and Democracy«. Seoul, Korea, March 1, 1979, 6 pp. Available from WCC/CCIA.

KIMMINICH, O. »Kirchen und Menschenrechte«, in: Menschenwürde und freiheitliche Rechtsordnung, Festschrift für W. Geiger zum 65. Geburtstag, Tübingen 1974, S. 499 ff.

KIRCHE VON NORWEGEN (Hrsg.). »Human Rights« – Ein Arbeitspapier (verfaßt von einem Unterausschuß des Ausschusses für Internationale Angelegenheiten von Norwegen, Oslo, 1975), Konferenz Europäischer Kirchen, Genf. Dokumentationsdienst 2, 1976, S. 5 f.

KIRCHENBLATT FÜR DIE REFORMIERTE SCHWEIZ: »Die theologische Basis der Menschenrechte«, in: Kirchenblatt No. II, 132 Jg., 27. Mai, 162–165.

KLEBER, Karl-H. »Die Menschenwürde in der Sicht der marxistisch-leninistischen Ethik und der christlichen Moraltheologie«, in: Königsteiner Studien 21, 1975, S. 37–55.

KRIMS, A. »Entspannung contra Menschenrechte, Menschenrechte contra Entspannung«, in: Neue Stimme 7/1979, S. 2 f.

LAGOS, Gustavo. »El desarrollo de la conciencia moral y los derechos humanos«, in: Mensaje, Santiago de Chile 24, 1975, No. 238, 169–176.

LAZARI, Pawlowska, I. »Die kulturelle Differenziertheit der Moral und das Problem der Menschenrechte«, in: Societas Ethica, Jahrestagung 1978, pp. 25–41.

LEEUWENBERG, H. »Endele overwegingen over de wenselijkheid en mogelijkheden om de bevordering von sociale, economische en culturelle mensenrechten in de doelstellingen van Amnesty International te integreren«, in: Wereld en Zending, Amsterdam 3, 1974, 304–310.

LEWEK, Christa; STOLPE, Manfred; GARSTECKI, Joachim (Hrsg.). Menschenrechte in christlicher Verantwortung. Evangelische Verlagsanstalt Berlin, 1980.

LIENEMANN, Wolfgang. »Menschenrechte in der Entwicklung«, in: Ökumenische Rundschau 24, 1975, 72–83.
– »Widerstandsrecht und Menschenrechte«, in: Ökumenische Rundschau, 29. Jhrg., Heft 2, April 1980.

LIENHARD, Marc. »Luther et les droits de l'homme«, in: Revue d'histoire et de philosophie religieuse 54, 1974, No. 1, 15–29; Ders. »Luther und die Menschenrechte«, in: Luther 48, 1977, 12–28.

LINZ, T. »Menschenrechte und Kirche«, in: Deutsches Pfarrerblatt 15/16, 1977, S. 469 f.

LISSNER, Jørgen (Hrsg.). Theologische Perspektiven der Menschenrechte – Lutherischer Weltbund, Genfer Konsultation über die Theologie der Menschenrechte. epd-Dokumentation 42/76, 20. 9. 1976.
– (ed.). »Theological Perspectives on Human Rights«. The Lutheran World Federation, Geneva, 1977, English 42 pp., German 43 pp.
– and SOVIK, Arne (ed.). A Lutheran Reader on Human

Rights. LWF Report 1/2, Geneva, September 1978, English, 217 pp. Deutsch: Ein lutherischer Materialband über Menschenrechte, Kreuz-Verlag, Stuttgart 1978.

LOCHMANN, Jan M. et al. (ed.). »Theological Basis of Human Rights«, in: Reformed World 34, June 1976, 50–57.
– und MOLTMANN, Jürgen (Hrsg.). »Gottes Recht und Menschenrechte«. Studien und Empfehlungen des Reformierten Weltbundes. Neukirchener Verlag, Neukirchen–Vluyn, 1977.

LORENZEN, Thorwald. »Die theologische Basis der Religionsfreiheit«, in: Theologische Zeitschrift 33, 4/1977, S. 226 ff.

LUTHERAN CHURCH IN AMERICA: »Human Rights, Doing Justice in God's World«, in: LCA-Social Statements, Division for Mission in North America, Lutheran Church in America, 231 Madison Avenue, New York, N. Y., 10016, 1978.

McCALL, Duke. »What Baptists Can Do to Advance Freedom«, BWA-Studypaper, commission on Freedom, Justice and Peace, Washington D.C., 1978.

McLEOD, Angus H. »Major Issues and Problems Related to Freedom Facing Baptists in Asia Today«. Study Paper. Baptist World Alliance, Commission on Freedom, Justice and Peace, Washington D. C., 1978.

McMASTER, F. P. »Major Issues and Problems Related to Freedom Facing Baptists in Asia Today«, ibid.

MARCOZZI, Vittorio. »Examens psychologiques et droits de la personne humaine«, in: Documentation Catholique, Paris 73, 1976, 875–880.

MATHESON, Peter. »Profile of Love«, in: Christian Journals Ltd., Belfast 1979, 156 pp.

MENDIOLA, Maria Ramona. »Human Rights: Content or Context of Mission«, in: International Review of Mission, Geneva, July 1977.

MEYER, Hans Ph. »Zum christlichen Verständnis der Menschenrechte«. Manuskript, Juni 1977.

MILDENBERGER, Michael. »In Freiheit überleben: die Menschenrechte in der ökumenischen Diskussion«, in: Materialdienst, Evangelische Zentralstelle für Weltanschauungsfragen, No. 14, 15, Hölderlinplatz 2 A, 7000 Stuttgart 1, Juli 1975.

MILLER, A. O. (ed.). »A Christian Declaration on Human Rights«, in: Theological Studies of the World Alliance of Reformed Churches, Erdmans, Grand Rapids/Michigan, 1977.

MISQUITTA, J., S. J. »Human Rights: Some Theological Reflections«, in: The Rally, Madras, India, March 1978, 2 pp.

MOLTMANN, Jürgen. »Rassismus und Recht auf Widerstand«, in: Evangelische Kommentare 4, Stuttgart 1971, S. 253–257.
– »Fragen zur theologischen Basis der Menschenrechte«, in: Evangelische Kommentare 5, Stuttgart 1972, S. 399–402.
– »Die Menschenrechte«, in: Ders., Das Experiment Hoffnung, München, 1974, S. 164 ff.
– »Hope in the Struggle of the People«, in: Church Labor Letter, Tokyo, March 13–19, 1975, English, 14 pp.
– »A Christian Declaration on Human Rights«, in: Reformed World 34, 1976, 58–72.
– »The Image of God and Human Rights«, in: Centro Pro Unione, Rome, 1977, English 8 pp., Spanish 12 pp.

MOLTMANN-WENDEL, Elisabeth. Menschenrechte für die Frau. Christliche Initiativen zur Frauenbefreiung. München: Kaiser, Mainz: Grünewald 1974, 226 pp.

MORENO, Antonio. »Principles of the Natural Law and Equal Rights of Man«, in: Angelicum, Roma 53, 1976, 478–494.

MUNOZ, Ronaldo. »Los derechos humanos y la mision de la Iglesia«, in: No basta con decir Senor, Senor ..., Vicaria de la Solidaridad, Arzobispado de Santiago. Nov. 78, Spanish, 14 pp. IDOC 34403.

NATIONAL CHRISTIAN COUNCIL OF JAPAN (ed.). »Emergency Christian Conference on Korean Problems«, in: Documents on the Struggle for Democracy in Korea. Tokyo, Japan.

NEUE STIMME 12/78, in: Thema-Heft: Universalität der Menschenrechte.

NEUMANN, Franz. Freiheit. Signal Verlag H. Fevert, Baden-Baden, 1978.

NEUMANN, Johannes. Menschenrechte auch in der Kirche? Benziger Verlag, Zürich, 1976.

NIILUS, Leopoldo. »Schreiben an die ÖRK-Mitgliedskirchen und angeschlossenen Räte im ›Helsinki-Raum‹ vom 30. Mai 1977 und Programmvorschlag für ökumenische Aktivitäten auf dem Gebiet der Menschenrechte und der Religionsfreiheit in den Signatarstaaten der Schlußakte von Helsinki«, Kommission der Kirchen für Internationale Angelegenheiten, Genf, 3./4. 3. 1977.

– »Die ökumenische Diskussion und das ökumenische Engagement in der Menschenrechtsfrage«. Manuskript, Bad Boll, März 1977.

– »Die Menschenrechtsdiskussion in ökumenischer Sicht«, in: Der Überblick 2/1975, S. 2 ff.

NOLDE, Frederick. »Menschenrechte im Rückblick. Eine Beurteilung der gegenwärtigen Lage«, in: 4. Vollversammlung des ÖRK, Uppsala 1968, Reden, Dokument No. 10, ÖRK, Genf, 1968.

– »Free and Equal, Human Rights in Ecumenical Perspective«. With Reflections on the Orign of the Universal Declaration of Human Rights, by Charles Habib Malik, World Council of Churches, Geneva, 1968, 88 pp.

NOVINSKY, Vasiliy. »Human Rights and Disarmament«, in: The Journal of the Moscow Patriarchate 10, 1975, 56–60.

NYEMBA, Saul H. »Major Issues and Problems related to Freedom Facing Baptists in Asia Today«. Study Paper: Baptist World Alliance, Commission on Feedom, Justice and Peace, Washington D. C., 1978.

ÖRK/KKIA (Hrsg.). »Die Welt wartet auf die Verwirklichung der Menschenrechte« (St. Pölten 1974). epd-Dokumentation 5/1975.

ÖRK/KKIA (Hrsg.). Hintergrunddokumentation über Menschenrechte und Religionsfreiheit. ÖRK, Genf, 1979.

»DER ÖKUMENISCHE RAT und die Sowjetunion«, in: Glaube in der 2. Welt, No. 7–8, 1976.

»DER ÖKUMENISCHE RAT der Kirchen und die UdSSR«, in: epd-Dokumentation 1976, 35–36, 8. 8. 1976.

ÖRK WELTKIRCHENKONFERENZ, Nairobi. Mission und Menschenrechte. ABC-Team, Brockhaus Verlag, Wuppertal, 1979.

ÖRK-ZENTRALAUSSCHUSS 1976: Empfehlungen zu den Menschenrechten, in: Dok. No. 26, ÖRK, Genf, 1976.
– 1977: Anhang I, Erklärung zur Folter. ÖRK, Genf, 1977.
– 1977: Bericht über die Menschenrechte, in: Dok. No. 13, ÖRK, Genf, 1977.
– 1979: Zwischenbericht über die Menschenrechte, in: Dok. No. 13, ÖRK, Genf, 1979.

O'GRADY, Ron. Bread and Freedom, Understanding and Acting on Human Rights. World Council of Churches, Geneva, 1979, (Risk Book Series). Paperback 81 pp.

ORDNUNG, Carl (Hrsg.). Menschenrechte sind Mitmenschenrechte. Ein Beitrag zur ökumenischen Diskussion. Union Verlag, Berlin, 1975, 119 pp.

ORTIZ, Eduardo. »Puebla: los derechos humanos de los oprimidos», in: Sic No. 413, Caracas, March 1979, Spanish, 2 pp. IDOC 34 400.

OSUNA, Antonio. »Derechos de la persona y Jerarquia desde la perspectiva de Santo Tomas«, in: Escritos de Vedat 5, 1975, 55–80.

PÄPSTLICHE KOMMISSION Justitia et Pax (Hrsg.). Die Kirche und die Menschenrechte. Grünewald/Kaiser, Mainz, München, 1976, 625.

PAGINAS: »Anunciar a Dios es defender los derechos de los pobres«, in: Paginas No. 11–12, Lima, September 1977, Spanish, 106 pp.

PAUL VI. Für soziale Gerechtigkeit: Apostolisches Schreiben »Octagesima Adveniens« vom 14. Mai 1971. An Seine Eminenz Kardinal Maurice Roy. Recklinghausen: Bitter 1971. 32 pp. English: This is Action, Apostolic Letter of Pope Paul VI »Octagesima Adveniens«, London: Justice and Peace Commission, 1972, 42 pp.

– French: Pour une société humaine. Lettre apostolique du 14 mai 1971 (à Monsieur le Cardinal Roy) sur les questions sociales, Centurion, Paris, 1971, 80 pp. Bibliogr.

PAX CHRISTI VLAANDEREN (Hrsg.). »De kerk en de mensenrechten«. Antwerpen, Belgium, February 1978, Dutch, 32 pp.

PAYNE, Ernest A. »Violence, Non-Violence and Human Rights«, in: The Ecumenical Review, Geneva, 1971, 222–236.

PFÜRTNER, Stephan H., OP. »Die Menschenrechte in der römisch-katholischen Kirche«, in: Zeitschrift für evangelische Ethik 1/1976, S. 35 ff.
– »Macht, Recht, Gewissen in Kirche und Gesellschaft«. Benziger, Zürich-Einsiedeln-Köln, 1972, 276 pp.

PILTERS, Michael; WALF, Knut (Hrsg.). Menschenrechte in der Kirche. Patmos, Düsseldorf, 1980, 148 S.

PIRES, José-Maria, Archevèque de Joao Pessoa. »Brésil: l'Eglise et les droits des paysans et 3e lettre pastorale sur les problèmes de la terre«, in: D.I.A.L., Paris, 1976, 3 pp.

PIRSON, D. »Grundrechte in der Kirche«, in: Zeitschrift für evangelisches Kirchenrecht (17. Bd.), 1972, S. 358 ff.

PONTIFICAL COMMISSION on Justice and Peace (ed.). »The Church and Human Rights«, in: Working Paper No. 1, Vatican City, 1975, English, 71 pp.

POTTER, Philipp. »Religious Liberty in an Ecumenical Perspective«, in: The Ecumenical Review 1/78, S. 42 ff.

RAISER, Konrad. »Gerechtigkeit in der Gesellschaft. Überlegungen zu einem Stichwort der ökumenischen Diskussion«, in: Evangelische Kommentare 11, 1977, S. 656 ff.

RAISER, Ludwig. »Menschenrechte in einer gespaltenen Welt: Erwägungen zum Stand der ökumenischen Diskussion«, in: Evangelische Kommentare 8, Stuttgart 1975, 199–203.

RANDALL, Peter (ed.). »Human Rights and the Human Spirit«. Lunch Hour Talk at the Johannesburg College of Education, in: Topical Talks, New Series, 13, Institute of Race Relations, Johannesburg, South Africa, 1968.

RAT DER EKD: »Stellungnahme des Rates der EKD zur CCIA-Konsultation über Fragen der KSZE-Schlußakte, der Menschenrechte und der Religionsfreiheit«, 10. 7. 1976, in: epd-Dokumentation 36 a/76, 9. 8. 1976.

REFORMIERTER WELTBUND (Hrsg.). »Die theologische Basis der Menschenrechte, Schlußbericht der RWB-Studie«, in: epd-Dokumentation 15, 1976, 5. 4. 1976.

REID, C. S. »Issues of Freedom Facing Baptists Today – in the Carribean«, Study paper, BWA-Commission on Freedom, Justice and Peace, Washington D. C., 1978.

REIJONEN, M. »The Question of Religious Freedom in Finland«, in: Publication No. 20 of the Research Institute of the Lutheran Church in Finland, Tampere, 1977.

RENDTORFF, Trutz. »Freiheit und Recht des Menschen. Theologische Überlegungen zur Erklärung der Menschenrechte«, in: Lutherische Rundschau 1968, S. 215 ff.
– »Menschenrechte und Justificatio«, in: Lutherische Monatshefte 2, 1972, 175–178.
– »Menschenrechte und Rechtfertigung«, in: D. Henke u. a. (Hrsg.), Der Wirklichkeitsanspruch von Theologie und Religion, Festschrift E. Steinbach. Mohr, Tübingen, 1976, S. 161–174.
– et al (ed.). »Human Rights: 1948–1968«, in: Lutheran World, Geneva, Vol. 15, No. 3, 1968, 173–218.

RODRIGUEZ, Gabriel Ignacio. »Fe – Justicia y derechos humanos«, in: Derechos humanos... derechos del pueblo? – Cinep, 1978, 15 pp.

RÖMISCHE BISCHOFSSYNODE 1974 (ed.). »Botschaft über Menschenrechte und Versöhnung«, in: Herder Korrespondenz 28, Freiburg/Br., 1974, 624.

RWB-JUBILÄUMSKONSULTATION in St. Andrews, Schottland, 22.–28. 4. 77 – »Theologie und Menschenrechte«, in: Schlußbericht, Arbeitsgruppe 4. epd-Dokumentation 50/77, S. 42 ff.

SADANARDAN, Pulukuri. »Major Issues and Problems Relating to Freedom Facing Baptists in Asia«. Study paper, BWA-

Commission on Freedom, Justice and Peace, Washington D. C., 1978.

SCHEUNER, Ulrich. »Die Menschenrechte in der ökumenischen Diskussion«, in: Ökumenische Rundschau, Stuttgart 1975, No. 2, 152–164.
– »Menschenrechte in der Kirche nach protestantischer Auffassung«, MS, 1976.

SCHOOYANS, Michel. »La place des droits de l'homme dans le catholicisme«, MS, 1977, 34 pp.

SCHREY, Heinz-Horst. »Diskussion um das Naturrecht 1950–1975«, in: Theologische Rundschau, 41. Jahrgang, 1/1976, S. 59ff.

SCHWARTLÄNDER, Johannes (Hrsg.). »Menschenrechte – eine Herausforderung«, in: Entwicklung und Frieden, Materialien 11, Grünewald/Kaiser, München, Mainz, 1979.

SCHWEIZERISCHE NATIONALKOMMISSION Justitia et Pax und Menschenrechtskommission des Schweizerischen Evangelischen Kirchenbundes (Hrsg.). »Christen und die Menschenrechte«. Ein brasilianisches Dokument zum dreißigsten Jahrestag der Allgemeinen Erklärung der Menschenrechte. Freiburg, Schweiz, 1978.

SCHWEIZERISCHER EVANGELISCHER KIRCHENBUND, Bern (Hrsg.). »Menschenrechtsprogramm«, Januar 1976. Zusammengefaßt in: KEK – Dokumentationsdienst 2, 1976, S. 20f.

SEGUNDO, Juan Luis. »Derechos humanos, evangelizacion e ideologia«, in: Revista EclesiasticaBrasileira No. 135, Petropolis, Rio de Janeiro, March 1977, Portuguese.
Translated to Italian: Diritti umani, evangelizzazione e ideologia«, in: Noticeial No. 9, Rome, September 1977, 7 pp. IDOC 25733.

SILVA HENRIQUEZ, Raul, Cardenal. »Reflexion cristiana sobre los derechos humanos«, in: Paginas Separata 49, Lima, 1975, No. 4, 1–20.
SIPILÄ, Helvi. »Zur Frage der Menschenrechte in bezug auf die Frau«, in: Zeichen der Zeit No. 12, Berlin 28, 1974, S. 454–458.

SONDEREGGER, H. »Menschenrechte sind Menschenpflichten«, in: HEKS (Hilfswerk des Evangelischen Kirchenbundes, Schweiz), No. 143, January/February 1979, S. 1–2.

SOUTHERN BAPTIST CONVENTION (ed.). Declaration of Human Rights, as adopted by the Convention. Atlanta 1978.

SPYKMAN, Gordon and others. »Toward a biblical view of ›human rights‹«. Reformed Ecumenical Synod, Dec. 1979, No. 1, Vol. VII, Grand Rapids, Michigan, USA, 1979, 25 pp.

TILLER, Carl W. »Resolutions and Statements of the Baptist World Alliance on Public Issues 1967–1977«, in:Division of Study and Research, Baptist World Alliance, 1628 16th Street, N. W., Washington D. C., 20009, USA.

TÖDT, Heinz Eduard. »Die Grundrechte im Menschenrecht. Zum Streit um juristische und theologische Auslegungen«, in: Evangelische Kommentare 5/1977, S. 266ff.

– »Grundstrukturen und Grundprobleme der Menschenrechte«. MS Bad Boll, März 1977.

– »Menschenrechte, kein politik-freier Raum«, in:, epd No. 69, 10. 4. 1975.

– »Neue Qualität der Menschenrechte. Ein Orientierungsrahmen für kirchliches Handeln«, in: Lutherische Monatshefte, Hamburg 1974, S. 514–519.

– »Theologie und Völkerrecht«, in: Internationale Dialog-Zeitschrift, Freiburg/Br. 4, 1971, S. 325–333.

– »Theologie und Völkerrecht, eine Prüfung gemeinsamer historischer und gegenwärtiger Probleme angesichts der Mitverantwortung für den Weltfrieden«, in: Picht, Georg und Eisenbart, Constanze (Hrsg.). Frieden und Völkerrecht, Stuttgart: Ernst Klett, 1973, pp. 13–169.

– »Theologische Reflexionen zu den Grundlagen der Menschenrechte«, in: Lutherische Rundschau 1/1977, S. 201 ff.

– »Theological Reflections on the Foundations of Human Rights«, in: Lutheran World 24, No. 1, 1977, 45–48.

TÖDT, Ilse. »Der Balken im eigenen Auge – Die Rolle der Menschenrechte im katholischen Denken«, in: Lutherische Monatshefte 2/1977, S. 83ff.

– »Ein Bündel von Anstößen – Evangelische Kirchen zum Pro-

blem der Menschenrechte«, in: Lutherische Monatshefte 4/1977, S. 201–204.
– »Im Schutze der Vergänglichkeit. Der Anspruch der Menschenrechte auf Universalität«, in: Lutherische Monatshefte 6/1977, S. 343 ff.

TÖHLFS, Ruth. »Major Issues and Problems related to Freedom Facing Baptists Today in North America«, Study Paper, BWA, Commission of Freedom, Justice and Peace, Washington D. C., 1978.

TOTH, Janos. »Human Rights and World Peace«. Institut International des Droits de l'Homme, Genève, 1969, 20 pp. (A paper submitted to the Consultation »Alternatives to Conflict in the Quest for Peace«, Ecumenical Institute, Château de Bossey, 1298 Céligny, Switzerland, June 1969).

TSCHUY, Theo. »The violation of human rights and the poor«, in: Reformed Press Service, World Alliance of Reformed Churchs, Geneva, Switzerland, December 1979, English, 2 pp.

UNESCO (ed.). »Final Report of the Meeting on the Place of Human Rights in Cultural and Religious Traditions«. Bangkok, Thailand, 3–7 December 1979, 27 pp.

UNION PONTIFICALE MISSIONAIRE (Hrsg.).»Droits de l'homme et chrétiens«, in: Mission de l'église, März 1979, Vierteljahresschrift No. 43, Paris.

VEENHOVEN, W. A. Case Studies on Human Rights and Fundamental Freedoms. A World Survey. Published for the Foundation for the Study of Plural Societies. Martinus Nijhoff, The Hague, 1975, Vol. I: XXI, 582 pp., Vol. II: XII, 555 pp.

VERKUYL, J. (ed.). »Mensenrechten en christelijke verantwoordelijkheid (Human Rights and Christian Responsibility)«, in: Wereld en Zending, Amsterdam 3, 1974, 239–310 (Dutch Council of Churches' preparation for St. Pölten Consult.).
– »Over de theologische fundering van mensenrechten en de praktische effectuering ervan in de context van deze tijd«, in: Wereld in Zending, Amsterdam 3, 1974, 244–264.

VICENTE, Luciano Perena. »La carta de los derechos humanos, segun Fray Bartolomé de las Casas«, in: Estudios sobre Bartolomé de las Casas. Coloquio con motivo del V Centenario de su nacimento, Sevilla, marzo 1974. Anales de la Universidad Hispalense. Serie Filiosofia y Letras 24. Publicaciones de la Universidad 1974 (352 pp.), 293–301 pp.

VIERA-GALLO, José Antonio. »La Chiesa latino-americana e i diritti umani«, in: Politica Internationale, No. 8–9, Rome, August-September 1979, Italian, 6 pp. IDOC 34 527.

VISCHER, Lukas. Veränderung der Welt – Bekehrung der Kirche, Lembeck, Frankfurt/M., 1976, darin: »Einsatz für die Menschenrechte«, S. 76 ff.

VISSER' T. HOOFT, Willem A. (ed.). The First Assembly of the World Council of Churches, Amsterdam 1948. Report of Section III, SCM-Press, London, 1949.

VOGEL, H.» Die Menschenrechte als theologisches Problem«, in: In Memoriam E. Lohmeyer, Stuttgart, 1951, S. 337 ff.

WARC (ed.). »Theological Basis of Human Rights«, Theological Consultation, London, February 18–21, 1976, English/French, 18 pp.

WARC, North American Area (ed.). »Theology of Human Rights and the Theology of Liberation«, in: Reformed World 33, Geneva, June 1975, 268–274.

WATTIAUX, Henri. »Statut des interventions du Magistère relatifs aux Droits de l'Homme«, in: Nouvelle Revue Théologique, Tournai-Paris 108, 1976, p. 799–816.

WCC (ed.). »The Freedom of the Christian and Human Rights«, in: Study Encounter II, 3, Geneva 1975, 1–6.

WCC Documentation. »Human Rights – Women«, Geneva, 1979.

WCC, Migration Secretariat. »Migrant Workers and Human Rights«, Dossier No. 8, February 1980, Geneva.

WCC/CCIA. Religious Freedom – Main Statements by the WCC 1948–1975, Geneva 1976.
– The Churches in International Affairs. Reports 1974–1979, Geneva 1979.
– »Human Rights and Christian Responsibility«, in: Report of

the Consultation, St. Pölten, Austria, 21–26 October, 1974, Geneva.
– Background Information 1975/2, Geneva, English. »The Churches and Human Rights in Africa«, a consultation jointly sponsored by the All Africa Conference of Churches and the Commission of the Churches on International Affairs of the World Council of Churches in Khartoum, Democratic Rep. of the Sudan, February 16–22, 1975, 48 pp.
– »Background Information 1975/5, Conference on Security and Cooperation in Europe«. The Helsinki Declaration. A Summary and First Appraisal, Geneva 1975.
– Newsletter. »Menschenrechte. Nacharbeit zur Vollversammlung«. No. 4, 1976.
– CCIAs Newsletter 1976, No. 4, »Human Rights« Post-Assembly follow-up, Geneva, 1976.
– »Background Information 1979/1. Human Rights in the Republic of Korea«, Geneva, 1979.

WEINGÄRTNER, Erich and Marilyn. »Human Rights is more than Human Rights. A Primer for Churches on Security and Cooperation in Europe«, in: IDOC Europe, Dossier No. 5, IDOC International 1977, Rom, 289 pp. Bibliogr. 241–289.

WIESEMANN, Ursula. Mission und Menschenrechte. ABC-Team, Brockhaus Verlag, Wuppertal, 1979.

WILL, James A. »Towards a Theological Assessment of Contrasting Human Rights Traditions«. Prepared as a Progress Report to the Commission on Faith and Order of NCCC-USA for its March 1978 meeting.

WINGREN, G. »Human Rights: A Theological Analysis«, in: The Ecumenical Review, Geneva, 27, 1975, 124–127.

WOLF, U.A. »Gottes Recht und Menschenrecht«, in: Parrhesia, 522–541 pp.

WOOD, James E. , jr. »A Biblical View of Religious Liberty«, in: The Ecumenical Review 1/78, Geneva 1978, 32 ff.
– »Baptist Thought and Human Rights«, in: Baptist History and Heritage 13, No. 3, July 1978, p. 50–62.

WSCF-Asia. »The Struggle for Human Rights in Asia Today«, in: WSCF-Asia Newsletter, No. 3, 1978, 16 pp.

YMCA. »The YMCA and Human Rights«. A Study on the Christian basis of human rights, Geneva, 1980, 35 pp.

ZWANE, A. I. Mandlenkhosi. »Has the Church in Africa anything to say about Human Rights?«. MS, Nairobi, Kenya, March 28, 1980, 6 pp. Available from CCIA.

Zur Sache

Kirchliche Aspekte heute

Herausgegeben von Günther Gaßmann, Johannes Hanselmann, Siegfried von Kortzfleisch, Lutz Mohaupt, Hugo Schnell, Hans-Otto Wölber, Jürgen Jeziorowski (geschäftsführender Herausgeber)

Bisher sind erschienen:

Heft 1
Hans-Otto Wölber
Gesellschaft ohne Kirche?
40 Seiten, kart. 1,90 DM

Heft 2
George W. Forell
Die Augsburgische Konfession
Ein Kommentar für unsere Zeit
160 Seiten, kart. 3,90 DM

Heft 3
Friedrich Hübner
Neue Strukturen der Einheit
Erwägungen zur Organisation des deutschen Protestantismus
62 Seiten, kart. 2,90 DM

Heft 4
Heinz Beckmann
Adams Katastrophe
Warum ich heute Lutheraner bin
73 Seiten, kart., vergriffen

Heft 5
Hans-Otto Wölber
Luthertum im Engagement
88 Seiten, kart. 2,90 DM

Heft 6
Christian Walther
Rassismus
Eine Dokumentation zum ökumenischen Antirassismus-Programm
101 Seiten, kart. 3,50 DM

Heft 7
Worms und die Folgen
oder
Das protestantische Gewissen
Mit Beiträgen von: Gustav Heinemann, Gustaf Wingren, Regin Prenter und Heinz Beckmann
110 Seiten, kart. 2,90 DM

Heft 8
Luther als Bühnenheld
Hrsg. Friedrich Kraft
114 Seiten, kart. 2,90 DM

Heft 9
Berndt Gustafsson
Partisanen für Christus – Kirche vor Kommunikationssperren in der modernen Gesellschaft
72 Seiten, Br., 3,90 DM

Heft 10
Modelle gelebten Glaubens
Hrsg. Lutz Mohaupt
145 Seiten, Br., vergriffen

Heft 11
Lutherische Gemeinschaft im Kontext Afrika
VI. Vollversammlung des Lutherischen Weltbundes in Daressalam 1977
Hrsg. Jürgen Jeziorowski
128 Seiten, Br., 9,80 DM

Heft 12/13
Volkskirche – Kirche der Zukunft?
Hrsg. Wenzel Lohff und Lutz Mohaupt
Referate und Thesen von: Jürgen Becker, Wilfried Joest, Wenzel Lohff, Hans Philipp Meyer, Hans-Martin Müller, Albrecht Peters, Trutz Rendtorff, Henning Graf Reventlow, Manfred Roensch, Dietrich Rössler
220 Seiten, Br., 12,80 DM

Heft 14
Macht und Gewalt
Leitlinien lutherischer Theologie zur politischen Ethik heute
Hrsg. Hermann Greifenstein
16 Seiten, Br., 9,80 DM

Heft 15
Zwischen Kultur und Politik
Texte zur afrikanischen und zur Schwarzen Theologie
Hrsg. Theo Sundermeier
Mit Beiträgen von Charles Nyamiti, Gabriel Setiloane, Ephraim K. Mosothoane, Engelbert Mveng, Desmond Tutu, Zephanja Kameeta, Filipe J. Couto
176 Seiten, Br., 15,80 DM

Heft 16
Seelsorge im Spannungsfeld
Bibelorientierung – Gruppendynamik?
Hrsg. Horst Reller und Adolf Sperl
216 Seiten, Br., 15,80 DM

Heft 17
Gegen den Strom der Zeit
Hans-Otto Wölber im Dialog
Hrsg. Lutz Mohaupt und Uwe Michelsen
334 Seiten, Br., 15,80 DM

Heft 18
Ehe – Institution im Wandel
Zum evangelischen Eheverständnis heute
Hrsg. Günther Gaßmann
114 Seiten, Br., 15,80 DM

Heft 19
Gottes Wirken in seiner Welt
Zur Diskussion um die Zweireichelehre
Band I – Dokumentation einer Konsultation
Hrsg. Niels Hasselmann
156 Seiten, Br., 16,80 DM

Heft 20
Gottes Wirken in seiner Welt
Zur Diskussion um die Zweireichelehre
Band II – Reaktionen
Hrsg. Niels Hasselmann
180 Seiten, Br., 17,80 DM

Heft 21
Gott – Geist – Materie
Theologie und Naturwissenschaft im Gespräch
Hrsg. Hermann Dietzfelbinger und Lutz Mohaupt
Mit Beiträgen der Naturwissenschaftler Carl Friedrich von Weizsäcker, Georg Süßmann, Günter Ewald, Joachim Illies, Till Uwe Keil und der Theologen Sigurd Martin Daecke, Hermann Dietzfelbinger, Wolfhart Pannenberg, Joachim Track
156 Seiten, Br., 15,80 DM

Heft 23
Carl Malsch
Kirche in der Stadt
St. Petri-Gemeinde in der City von Hamburg
Ca. 190 Seiten, Br., ca. 8,90 DM

14,80 FP017